THE ART OF CIVIL AVIATION SERVICE

EXCELLENCE AND STRATEGY FOR PROFESSIONAL CABIN CREW

民航服务艺术

乘务员高品质服务塑造与实战策略

主　编　陈　馨
副主编　李柱莲　王　艳
参　编　杨　朕　满　义

哈爾濱工業大學出版社
HARBIN INSTITUTE OF TECHNOLOGY PRESS

内 容 简 介

本书聚焦于民航服务领域，深入剖析了客舱乘务员在塑造航空公司形象、提升客户满意度中的核心作用。内容编排上，前半部分夯实理论基础，涵盖了解客户需求、客舱乘务员形象塑造及客户关系管理；后半部分则注重实战应用，详细介绍服务标准、机内对话原则，并通过案例研究分享实战经验，助力客舱乘务员提升应变能力和专业技能。

本书主要面向空中乘务专业学生、乘务员培训机构以及航空公司管理人员。对于空中乘务专业学生，它是掌握民航服务艺术与实战策略的必备教材；对于乘务员培训机构，它提供了科学系统的培训指导；对于航空公司管理人员，它则是优化服务、提升品牌形象的重要参考。通过本书的学习，读者将能够在竞争激烈的航空市场中稳固顾客忠诚度，共创美好航空旅行体验。

图书在版编目(CIP)数据

民航服务艺术：乘务员高品质服务塑造与实战策略/陈馨主编.-- 哈尔滨：哈尔滨工业大学出版社，2025.8. --ISBN 978-7-5767-1935-2

I. F560. 9

中国国家版本馆CIP数据核字第2025A9J722号

民航服务艺术：乘务员高品质服务塑造与实战策略
MINHANG FUWU YISHU:CHENGWUYUAN GAOPINZHI FUWU SUZAO YU SHIZHAN CELÜE

策划编辑 王桂芝
责任编辑 赵凤娟
出版发行 哈尔滨工业大学出版社
社　　址 哈尔滨市南岗区复华四道街10号 邮编150006
传　　真 0451-86414749
网　　址 http://hitpress. hit. edu. cn
印　　刷 哈尔滨博奇印刷有限公司
开　　本 787 mm × 1 092 mm 1/16 印张 12 字数 250千字
版　　次 2025年8月第1版 2025年8月第1次印刷
书　　号 ISBN 978-7-5767-1935-2
定　　价 59.80元

前言

在全球化浪潮的推动下，航空产业正以前所未有的速度蓬勃发展，成为连接世界各地的重要纽带。随着技术的日新月异和客户需求的多元化，航空产业正面临着全新的挑战与机遇。在这一背景下，客舱乘务员作为航空公司与客户之间的桥梁，其角色显得尤为关键。他们不仅是飞行安全的守护者，更是客户体验的直接塑造者，其服务质量直接关系到航空公司的品牌形象和客户忠诚度。

近年来，我国高度重视航空产业的发展，将其视为推动经济高质量发展的重要引擎。党的二十大报告明确提出要加快建设交通强国，构建现代化基础设施体系，为航空产业的发展指明了方向。同时，“十四五”规划也明确提出要加快构建现代产业体系，推动航空航天等战略性新兴产业融合集群发展，对客舱乘务员的培养提出了新的要求。在这样的时代背景下，编写一本既符合航空产业发展趋势，又贴近校企合作实际的教材，显得尤为重要。《民航服务艺术：乘务员高品质服务塑造与实战策略》在这一背景下应运而生。

本书旨在从客户满意度的角度出发，深入剖析客舱乘务员在满足客户需求、塑造航空公司形象、提升客户满意度方面的重要作用。通过系统总结客舱乘务员应具备的各种素质和技术，本书为读者提供了一套全面而实用的知识体系。

在内容编排上，本书精心布局，共分为两大部分：

第一部分着重探讨了了解客户需求、塑造客舱乘务员形象、建立和维护客户关系等基础理论。这一部分为后续的实战应用奠定了坚实的基础，使读者能够深入理解客户需求，掌握客舱乘务员形象塑造的关键要素，以及有效建立和维护客户关系的策略。

第二部分详细介绍了客舱乘务员应具备的服务标准和机内对话

PREAMBLE

原则。通过生动的案例研究和实战经验分享，这一部分帮助读者提升实战中的应变能力和专业技能，确保服务品质卓越，从而在竞争激烈的航空市场中稳固顾客忠诚度。

本书由具有深厚理论功底的陈馨（国际注册高级礼仪培训师、全国 1+X 空中乘务职业技能等级证书教员及考评员）与王艳（全国 1+X 空中乘务职业技能等级证书教员及考评员）等共同编写。同时，特别邀请了拥有丰富实战经验的国际航空领域专家李柱莲（易斯达航空客舱部总监、首席乘务长）任副主编。本书旨在培养具备高素质、高技能的航空服务人才，以适应航空产业日新月异的发展需求。

值得一提的是，本书在编写过程中充分吸收了航空服务现场的各种实际案例和实战经验，使得教材内容更加贴近实际、易于理解。通过理论与实践相结合的综合方法，本书旨在帮助读者具备现场所需的专业技能和实践能力，从而在竞争激烈的航空产业中脱颖而出。

展望未来，我们相信，本书将成为广大航空服务专业学生、乘务员培训机构以及航空公司管理人员的重要参考书籍。我们期待本书能够为推动航空产业的发展、提升客舱乘务员的服务水平、创造更加美好的航空旅行体验贡献一分力量。

最后，衷心感谢所有参与本书编写、审稿和出版工作的同人，是你们的辛勤付出和无私奉献，使得这本书得以顺利问世。让我们携手共进，共同创造航空产业更加辉煌的未来！

编　者

2025 年 4 月

目录

01 PART 顾客满意

CHAPTER 01 顾客和顾客满意

CHAPTER 02 客舱乘务员接待乘客的基本内容

CONTENTS

目录

CONTENTS

目录

CONTENTS

目录

CHAPTER 09 客舱实战对话

01 PART

CUSTOMER SATISFACTION

顾客满意

CHAPTER 01

顾客和顾客满意

01 什么是顾客

02 什么是顾客满意

学习目标

- 理解顾客和顾客满意的核心概念。
- 明确顾客对客舱乘务员的重要性。
- 掌握使顾客满意的关键服务要素。
- 分析客舱乘务员在满足顾客需求中的角色，并将其应用于实际服务工作中。

SECTION 01 什么是顾客

1. 顾客的定义 >>>

顾客通常指购买商品或使用服务的个人或团体，他们对企业的收益和成长具有重要影响。因此，企业应持续努力满足顾客的需求与期望，不断提升服务质量，并将顾客满意度的提升作为首要任务。

航空公司的顾客（也称为乘客）是指购买航空服务的个人或团体，他们是预订航班并体验航空公司提供的多种服务的主要用户。

航空公司通过提供机票预售、出票、登机手续、行李托运、客舱服务以及目的地行李交付等服务，旨在为顾客创造满意的旅行体验。

此外，航空公司为了得到顾客的信赖，必须优先考虑顾客的需求，并以最优质的服务接待顾客。理解并满足顾客的基本需求，企业与服务人员可以与顾客建立积极的联系，这也是实现顾客满意的关键因素。

(1) 希望得到基本的服务。

顾客期望所购买的商品或服务具备基本的功能和价值。以乘坐飞机为例，乘客希望在预定时间内到达目的地，并享受预期的物力和人力服务。

因此，航空公司应通过提供便捷的预订和登机手续、准确快速的信息、高质量的餐饮服务以及安全舒适的客舱环境，满足顾客对航空旅行的基本期待。

(2) 希望受到欢迎和重视。

顾客在购买商品或服务时，受到热情的欢迎会让他们感到愉悦和满足。当客舱乘务员能够记住顾客的个性化需求和喜好，提供量身定制的服务时，顾客满意度将进一步提升。

(3) 希望能引起共鸣。

顾客期待的服务是能够理解其情感需求并产生共鸣。因此，在与顾客的沟通中，应尊重、倾听并理解他们的意见，以提供更具有针对性的服务。

2. 顾客对客舱乘务员的意义

客舱乘务员是航空公司的直接代表，通过在飞行过程中服务乘客，确保乘客能够安全、舒适地抵达目的地。客舱乘务员的职责不仅限于提供服务，还承担着在航空公司与乘客之间建立积极联系的重要桥梁角色。

• 乘客是安全管理的首要对象

客舱乘务员需始终将乘客的安全置于首位，严格遵守航空安全规定和标准化操作程序，确保客舱环境安全可靠。特别是在紧急情况或突发事件中，客舱乘务员需迅速、有效地采取应对措施，最大限度地降低潜在风险，保障乘客的生命财产安全。

• 乘客是服务管理的核心对象

客舱乘务员的服务目标是让乘客在飞行过程中感受到平安与舒适。因此，他们需从物力资源和人力资源两方面为乘客提供全面服务，确保飞行体验的满意度。

QUICK TIPS

搭乘飞机的顾客也称为乘客 (passenger)。

• 物力服务	物力服务是指客舱内为方便乘客而设置的各种设施、食品，以及飞行中可提供的服务物品等。这些硬件设施的完善性与实用性直接影响乘客的舒适度。
• 人力服务	人力服务是指客舱乘务员在有限的客舱空间内，通过专业的态度和技能，运用设备和服务用品，为乘客提供更安全、更舒适的飞行体验。其核心包括：顺畅的沟通、细心的关怀、郑重与亲切的态度、保障安全飞行。

SECTION 02 什么是顾客满意

1. 顾客满意的定义

顾客满意是指顾客对所提供的产品或服务感到满意，并对此拥有深刻的美好体验。这是满足或超出顾客对产品或服务的期望值的结果。顾客满意是企业成长和维持长期客户关系的关键因素，因此企业应该不断提升顾客满意度。

航空公司实现顾客满意的三大要素

• hardware（硬件）要素	▶ 产品、设施、环境要素
• software（软件）要素	▶ 满足顾客要求的要素
• humanware（人因）要素	▶ 与顾客互动的要素

第一，硬件要素是指产品本身，是顾客亲身体验的实体部分。

第二，软件要素涉及提供服务的过程、便利性、服务程序及顾客管理体系，旨在提高产品使用便利性和效率。

第三，人因要素涵盖服务提供者的态度、专业性及服务理念。

只有以上三要素相互协调，才能实现顾客满意。

许多企业正通过安全便利的硬件、顺畅准确的软件以及亲切专业的人文提升顾客满意度。

2. 航空公司提高顾客满意度的方法

航空公司需不断开发顾客满意度提升方案，满足顾客需求，提供舒适安全的旅行体验，提高客户的再利用率，吸引新顾客。

因此，应该对顾客满意的三要素，即硬件要素、软件要素和人文软件要素进行管理，达到和谐、均衡提供服务的效果。顾客对这三要素中的任何一个感到不满意，均会导致整体服务满意度的下降。

航空公司实现顾客满意的三要素

• 硬件要素 ▸产品、设施、环境要素	飞机、航空旅行相关设施、装备、客舱环境、服务物品等
• 软件要素 ▸ 满足顾客要求的要素	线上、移动预约出票系统、航班信息系统
• 人文软件要素 ▸ 与顾客互动的要素	顾客帮助系统、业务指南、手册等

第一，硬件要素。改善客舱设施，如扩大座位间距，提供舒适头枕、充电插座、USB 端口及娱乐系统，提升餐饮质量和多样性，以提供满意的客舱服务体验。

第二，软件要素。升级预订系统，简化登记及登机程序，引进自动化系统，让乘客体验最新的智能技术。

第三，人文软件要素。持续培训现场工作人员和客舱乘务员，积极收集和分析乘客反馈，准确把握并满足乘客需求。

顾客满意

航空公司提高顾客满意度的具体方法

- 提高待客服务。
- 利用数字及人工智能技术。
- 运营客服中心。
- 利用大数据分析。
- 运营顾客忠诚度项目。
- 保障航运安全。
- 管理服务关键时刻（moments of truth，MOT）。

(1) 提高待客服务。

- 确保航班准时出发及到达。
- 工作人员及客舱乘务员保持端正的服务态度。
- 提供舒适的客舱环境。
- 开发及改善多种服务。

(2) 利用数字及人工智能技术。

- 提供最新的在线和移动应用，提升乘客操作便利性。
- 使用电子票及自动登记。

- 提供实时航班信息。
- 提供客舱 Wi-Fi 服务。
- 提供客舱多样化的娱乐服务。

(3) 运营客服中心。

- 建立基于网络的 24 小时客服中心，迅速应对咨询或投诉。
- 利用自动应答系统及聊天机器人等人工智能技术。
- 收集并反馈顾客建议及意见。

(4) 利用大数据分析。

- 分析顾客预约模式、飞机餐选择、座位喜好等，提供定制化服务。
- 通过货运数据管理航班准时性。
- 通过顾客满意度调查数据改善服务及质量管理。

(5) 运营顾客忠诚度项目。

- 运营积分及里程打折机制。
- 利用会员制提供机票打折等定期或随机促销活动。
- 航空公司提供自营休息室服务。

(6) 保障航运安全。

- 构建飞机安全检查系统。
- 构建应急系统。
- 严格遵守航空安全及安保规定。

(7) 管理服务关键时刻 (MOT)。

服务关键时刻是指乘客在整个服务过程中与航空公司互动的每一个瞬间。这些瞬间通常是短暂的，但在短短几秒内，顾客即可形成满意或不满的感受。因此，对这些服务关键时刻进行精细化管理，是提升顾客满意度的关键因素。

作为与顾客接触频率较高的服务型企业，航空公司在服务关键时刻中，如何树立良好的第一印象将直接影响顾客的整体满意度。正是在这些关键时刻的表现，决定了顾客对服务质量的最终评价。由此可见，航空公司对服务关键时刻的管理不仅是服务优化的核心，更是企业成功的重要支柱。

MOT(moments of truth，关键时刻)

- 关键时刻的概念源于斗牛比赛，指的是斗牛士挥舞红布准确击中牛的要害的最后一刻。这一时刻是斗牛士和牛都无法避免的决定性瞬间，它指无法避免、不允许失败的决定性瞬间。企业将这一概念引入经营决策中，将面对顾客的所有服务切入点视为关键时刻进行精细化管理。
- 1981 年，因经营亏损陷入困境的斯堪的纳维亚航空公司总经理 Jan Carlzon (詹·卡尔森)将 MOT 引入经营策略，成功扭亏为盈，MOT 也因此广为人知。

服务关键时刻（MOT）

本书从顾客的角度出发，将服务过程中的每个关键时刻列出。同时，分析每个关键时刻的满意因素和不满因素，并有针对性地进行优化或改进。

预约 → 出票 → 登机手续 → 登机 → 起飞前 → 起飞后 → 降落前 → 降落后

服务关键时刻详细目录

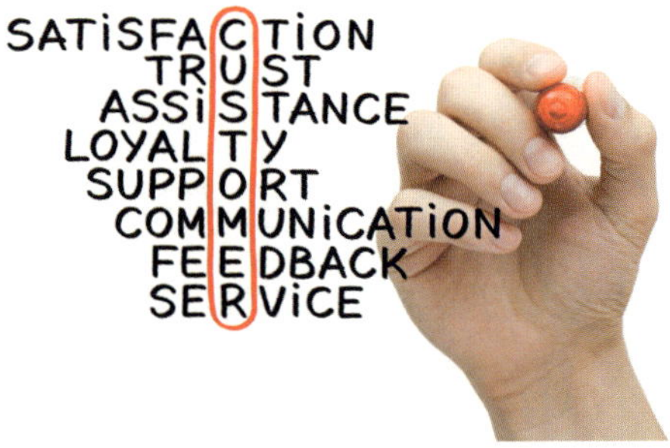

- 获取航空公司信息时：通过电话或在线渠道获取航班信息。
- 预订机票时：使用电话、网站或应用程序进行机票预订。
- 到达机场柜台办理手续时：包括候机管理、信息提供及手续办理等。
- 在登机口等候登机时。
- 开始登机及确认登机牌时。
- 登机时客舱乘务员欢迎问候时。
- 确认座位及入座时。
- 准备安全简报及起飞时。
- 起飞后提供服务时：包括饮品、餐食及免税商品销售等服务。
- 使用洗手间时。
- 播放电影及休息时。

- 准备降落时：整理客舱并检查安全及安保设施，提供相关信息。
- 降落后下机时。

尽管这些关键时刻的时间可能很短，但每一个环节都会显著影响顾客对服务的整体印象和满意度。因此，航空公司应制订详细的服务关键时刻目录，并对其进行持续分析和优化管理，以提升顾客满意度。

3. 客舱乘务员对顾客满意度的作用 >>>

客舱乘务员在航行期间直接面对乘客，其服务态度对顾客满意度有重大影响。

客舱服务的满意度是评价航空公司形象的决定性因素。

另外，搭乘飞机的顾客在客舱内度过很长时间，客舱服务的满意度便会成为评价航空公司形象的决定性因素，所以客舱乘务员的服务态度尤为重要。

因此，客舱乘务员应认真履行以下职责，努力为顾客提供更满意的旅行体验。

关键服务要点

- 热情接待乘客
- 了解乘客需求
- 专业接待与态度
- 建立信任关系
- 预见并满足乘客需求（服务前）
- 团队信息共享
- 维护客舱安全

(1) 热情接待乘客。

客舱乘务员在迎接乘客时，应以明快的表情和亲切的语气表示欢迎。礼貌的态度是赢得顾客满意的首要因素。

(2) 了解乘客需求。

对于高级舱位的乘客，客舱乘务员需详细了解其个人要求和偏好，以提供高水平的服务。这包括确认乘客的职位、姓名、特殊需求、座位信息及过往旅行经历等，以便提供个性化服务。

(3) 专业接待与态度。

客舱乘务员应迅速且真诚地响应乘客的请求，不仅满足其期望，还应尽力提供超出预期的服务。特别应注意根据不同乘客（如女性、男性、儿童、老年人、残疾人、患者、孕妇及无人陪伴的未成年人）的特点和需求，提供专业且及时的服务。同时要避免过度亲昵，保持适度亲切，展现职业和专业形象。

UM（无人陪伴的未成年人）

- UM (unaccompanied minors)

UM 是指在没有监护人的情况下单独乘坐飞机的儿童乘客。监护人向航空公司申请 UM 服务时，航空公司会特别留意 UM 乘客的安全乘坐、移动、下机等事项，必要时提供包括机场内移动时的帮助、飞行中的特殊管理、目的地机场交接等在内的整体服务。

(4) 建立信任关系。

通过真诚的接待，客舱乘务员可以与乘客建立信任关系。客舱乘务员应充分了解航空旅行的相关信息及规定，以专业的态度处理乘客的咨询和请求。

(5) 预见并满足乘客需求（服务前）。

在飞行过程中，客舱乘务员应细心观察乘客，随时准备在乘客提出请求前预判并满足其需求，提供超前服务。

(6) 团队信息共享。

注意与同事共享乘客的信息及相关情况，避免对乘客提出重复问题或要求，尤其是避免重复介绍相同内容。

(7) 维护客舱安全。

客舱乘务员需严格遵守飞行安全工作程序，确保执行日常及应急安全工作；需准确理解并完全掌握所有相关安全规定和程序。

另外，无论何时都应把乘客和自身的安全置于首位，以准备应对紧急情况的安全意识为前提，进行飞行服务工作。

CHAPTER 02

客舱乘务员接待乘客的基本内容

01 欢迎与问候

02 掌握需求及应对

03 有效的沟通

04 了解不同国家的特点及文化

接待乘客的意义在于与乘客建立积极的联系，并通过互动展示出专业的礼仪规范和有效的沟通技巧。作为客舱乘务员，接待乘客不仅是为了满足乘客的需求，更是为了提升乘客旅行体验和航空公司形象。

为提高乘客满意度，客舱乘务员必须熟悉并遵守接待乘客的基本规范，以确保提供高水准的服务。

学习目标

- 掌握有效接待乘客并满足其需求的技巧。
- 学习提高乘客满意度的知识和技巧。

SECTION 01 欢迎与问候

客舱乘务员的欢迎与问候能够营造亲切氛围，给乘客留下良好的第一印象。这不仅有助于提升航空公司形象，也可以显著提升乘客的旅行体验。

客舱乘务员应以和蔼亲切的态度迎接每一位乘客。

接待乘客的注意事项

微笑 | 问候 | 称呼 | 服务 | 提供信息

1. 微笑 >>>

客舱乘务员应时刻以真诚、温暖的笑容迎接乘客。

2. 问候 >>>

在乘客登机时，要亲切、礼貌地问候乘客，如“您好，欢迎登机”，以留下良好的第一印象。

3. 称呼 >>>

要使用“乘客”“先生”“女士”等尊称，表达对乘客的尊重。

4. 服务 >>>

① 应引导乘客就座，并提供存放随身行李或快速登机的帮助或信息，以免妨碍安全航行。

② 根据不同乘客类型提供针对性服务。根据老弱者、孕妇、残疾人、患者、无人陪伴的未成年人等乘客的特点和情况，提供差异化的针对性服务。

5. 提供信息 >>>

必要时应提供与飞行或服务相关的信息，确保乘客安心、舒适地旅行。

SECTION 02 掌握需求及应对

准确掌握乘客需求并快速反应是提供最佳服务的关键。

此外，还可以根据乘客的需求提供个性化定制服务，为其提供更舒适、更满意的旅行服务，显著提升乘客的旅行体验。这样不仅能增加其再次选择搭乘、向熟人推荐、正面评价的可能性，还会对提升航空公司的企业形象起到积极的作用。

接待乘客时的注意事项

倾听 → 询问 → 表达共鸣 → 迅速应对 → 优先选择 → 团队合作 → 提供信息 → 后续措施

1. 倾听

要认真倾听并准确理解乘客的需求。

2. 询问

通过询问了解乘客的具体要求。

3. 表达共鸣

理解乘客的不适情绪和状况，提供必要的帮助。

学会使用“您可能会有这种感觉”“能够理解”等产生共鸣的语言进行表达。

4. 迅速应对 »»

要迅速掌握乘客的问题或诉求，提出能够立即解决的方案。在方案不可行时提出备选方案，以积极的态度尽全力处理乘客的诉求。

5. 优先选择 »»

确定乘客需求的优先级，按顺序处理。

6. 团队合作 »»

在遇到难以处理的情况时，与其他乘务员和乘务长共享相关信息，协同解决问题。

7. 提供信息 »»

对于乘客所需的服务或信息，应做到准确、迅速地提供最新的相关情况。

8. 后续措施 »»

解决乘客要求的事项或问题后，确认乘客满意度及是否需要其他帮助，必要时采取后续措施。

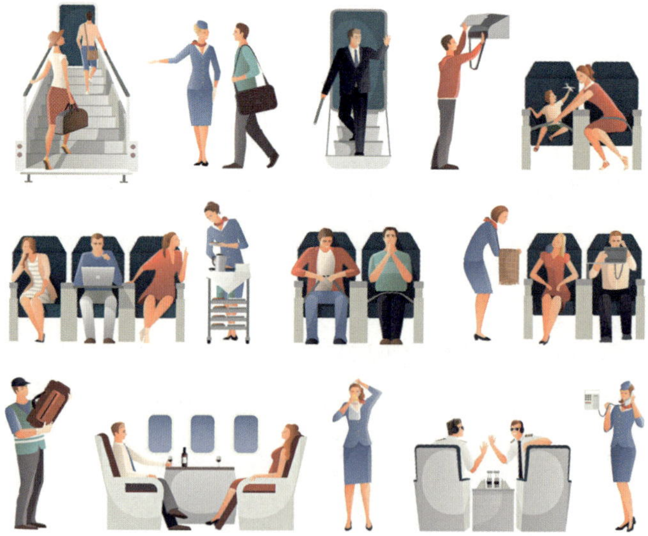

本人的倾听能力如何？

• 倾听能力是认真倾听别人说话并产生共鸣的能力。

倾听能力是对沟通或人际关系具有决定性影响的重要因素。

能够让乘客产生共鸣的倾听能力是客舱乘务员必须具备的能力。

序号	倾听能力测试内容	选择（√）
1	关注对方的话语、手势、表情等并仔细倾听	
2	听对方说完后才表达自己的想法或进行回答	
3	如果没理解对话中的内容会坦率承认	
4	谈话结束后也能准确记住内容	
5	即使对方说话无聊也会仔细听	
6	在听对方说话时即使能预测接下来要说什么也不插话	
7	即使不认同对方的话，也会以开放的心态倾听	
8	即使周围环境嘈杂也会倾听对方讲话	
9	在听对方讲话时用点头等表示正在倾听	
10	不会在对方讲话结束前对内容下结论	

	1 ~ 3 个	倾听能力低，需要通过学习来提高。
	4 ~ 7 个	倾听能力一般，稍做努力提高一下吧！
	8 ~ 10 个	很棒，保持住。

SECTION 03 有效的沟通

客舱乘务员的沟通能力是建立信任和提高乘客满意度的关键，因此客舱乘务员应不断提升其沟通能力。

communication（沟通）

• 沟通是指人与人在互相分享自己的情感、信息、意见等时，正确传达相互之间想要表达的内容、意义并相互理解的过程。在此过程中，除语言因素外，非语言因素也起着至关重要的作用。

接待乘客时的核心素质

语言能力	理解能力	表达明确	对话技巧
非语言沟通	关怀	压力管理	文化感性

1. 语言能力 >>>

客舱乘务员要与不同国籍的乘客进行沟通，语言能力尤为重要。英语是全球航空业界主要使用的语言，因此要能够使用英语提供必要信息、处理紧急状况等。

2. 理解能力 >>>

积极理解乘客的需求是沟通的前提。

3. 表达明确 >>>

与乘客交谈时应使用简洁明确的语言，确保发音正确和语速适中，尤其要避免语速太快或喃喃自语。

4. 对话技巧 >>>

客舱乘务员要与乘客在不同情况下进行有效交流，所以提升对话技巧很重要，可预防乘客投诉进而提升乘客满意度。

5. 非语言沟通 >>>

客舱乘务员运用非语言技巧与乘客进行情感互动可以对沟通起到积极的促进作用，有时会比语言表达更有效力，因此非语言沟通也是非常重要的能力。

非语言表达

- 体现多种情绪的表情、声调、眼睛的动作和视线处理、手势、动作等。

6. 关怀 >>>

在有效沟通中关怀是重要的一环。特别是向乘客传达必要信息或客舱规定时，使用过于技术性的表达或复杂、较难的专业用语不易被理解，应该简洁、明确地加以说明。同时要尊重乘客的隐私，礼貌待客。

7. 压力管理 >>>

客舱乘务员的工作时间不规律，工作中需长时间站立，有时需倒时差，随时都可能产生压力，压力产生的情绪会影响各方面工作，因此要进行压力管理。

虽然压力指数因人而异，但是哪怕是很小的压力对于乘客来说，可能也会造成感情妨碍，所以客舱乘务员对于压力的管理非常重要。

与沟通相关的俗语和名言

- 中国谚语

良言一句三冬暖，恶语伤人六月寒：善意的话语让人听了即使在寒冷的冬天也会心生暖意，而怀有恶意的话语让人听了即使在酷热的夏天也会心生寒意。

- 中国四字成语

对牛弹琴：比喻性地表达了对方无法理解的对话或沟通。它强调了正确沟通的重要性，并包含了应根据对话对象采取适当方式进行沟通的教育意义。

- 韩国谚语

一言之美，贵于千金：一句话的影响力很大。

- 名人名言

沟通并不是单纯地说话，而是为了能让对方理解。——彼得·德鲁克

8. 文化感性

要了解不同国家的文化和习俗，防止与乘客发生矛盾。

要掌握不同国籍乘客的要求和喜好，以便能够顺利进行沟通。

SECTION 04 了解不同国家的特点及文化

不同国籍和文化的礼仪和习俗均有所不同，因此客舱乘务员要了解各国的文化背景，以便更好地接待乘客。

随着时代潮流和全球化的影响，人们的交流互动变得更加活跃，各国的礼仪和习俗均在发生变化。因此，学习各航空公司的指南或准则并不断学习和更新知识就显得尤为重要。

接待乘客时的注意事项

问候的方式	用餐礼仪	对文化的理解	对宗教的理解

1. 问候的方式 >>>

客舱乘务员要了解和运用各国常用的问候语和礼节。

2. 用餐礼仪 >>>

客舱乘务员应根据乘客搭乘的路线了解不同国家的用餐文化，提供符合习俗的餐饮服务，使乘客舒适地享受用餐的乐趣。

3. 对文化的理解 >>>

尊重并理解不同文化，从而为乘客提供舒适的旅行服务非常重要。客舱服务员要消除偏见，为所有乘客提供平等的服务。

4. 对宗教的理解

客舱乘务员应理解和尊重不同乘客的宗教信仰，为其提供舒适的旅行环境。

CHAPTER 03

image making（形象塑造）

形象塑造是建立良好人际关系的首要步骤，同时也是促进人际互动与沟通的关键要素。因此，若能树立并有效传达一个值得顾客信赖的积极形象，将对提升顾客满意度产生显著的正向影响。

学习目标

- 理解形象塑造的重要性。
- 掌握客舱乘务员正确塑造形象的必备要素。
- 通过实践正确的形象塑造，提升个人可信度。

SECTION 01 形象塑造的定义及重要性

1. 形象塑造的定义 »»

形象是指为他人所感知到的个体形象。为了给对方留下深刻而积极的印象，良好的形象成为建立和谐人际关系的关键因素。

形象塑造，即人们通过不懈努力，最大限度地提升自身形象、展现积极一面的过程。它涵盖了确定理想形象、修炼内在潜力（即心态）、改善和提升外在形象等多个方面，旨在通过刻意变化或自我管理，使个体看起来更加自信、得体，从而成为能够给对方带来好感的人。

外在形象（印象）

- 印象，即外在形象，是指通过面部表情、语音语调、服饰打扮、动作举止、发型设计等外部因素所塑造的形象。相较于内在形象，外在形象具有在较短时间内即可发生改变并取得明显成效的特点。

内在形象（心态）

- 心态是指个体对事物发展的反应和理解所展现出的思想状态与观点。在形象塑造中，心态被视为内在形象的核心，涵盖了性格特质、人格品质、价值观念及自尊自信等多个方面。稳固的内在形象是持续保持和管理外在形象的基础。

2. 形象塑造的重要性 >>>

形象塑造对于提升个人竞争力、改善人际关系及促进社会交往均具有积极影响。第一印象是形象塑造的起点，人们往往根据第一印象在短时间内对他人形成评价，并且这种评价会长时间留存在记忆中，很少受到后续事实因素的干扰。因此，给他人留下良好的第一印象对于形象塑造至关重要。在现代社会中，努力提升个人的第一印象尤为重要。

第一印象的心理效应

• 5 秒法则	第一印象在 5 秒内就可能完成，任何人都不能有两次第一印象。
• 首要效应	第一印象像混凝土一样坚固，需要很长时间才能改变。如果与他人见面时的第一印象不好，即使日后得到关于此人再好的信息，也很难将原有的不好印象变成积极的印象。

• 光环效应	如果对某人的第一印象良好，即使日后发现对方的缺点，也更容易给予理解和体谅。这种积极的印象会对整体决策产生重要影响，意味着人们倾向于相信对方的性格、态度等其他方面也同样值得信赖。在这种情况下，感性认知往往会在理性分析中占据主导地位。

3. 形象塑造的构成要素 »»

形象塑造的构成要素广泛且多元，除内在形象外，外貌、表情、姿态、行为举止、说话方式、态度等外在要素同样在塑造个人形象过程中发挥着重要作用。

- **外貌**

作为形成第一印象的核心要素，外貌是打造积极个人形象的基石。

- **表情**

作为一种非语言沟通方式，表情能够有效传达个体的情感并促进与他人的顺畅沟通。充满自信的表情对于塑造积极形象具有显著效果。

- **姿态**

端正且自信的姿态可以赢得对方的信任并展现专业性。

- **行为举止**

通过礼貌且体贴周到的行为举止可以向对方传达自身的价值观和信任度。

- **说话方式**

包括语气和语调在内的说话方式，其重要性与语言内容本身不相上下。清晰明确、充满自信的表达能够彰显出个体的专业性和可信度。

形象塑造的六大构成要素

- ✔ 外貌
- ✔ 表情
- ✔ 姿态
- ✔ 行为举止
- ✔ 说话方式
- ✔ 态度

● 态度

作为心态的直接体现，积极正面的态度有助于促进与对方的有效沟通和深度合作。

上述六大构成要素是个体向对方传递良好形象、表达可靠性与专业性的重要媒介。充分利用这些要素，塑造积极正面的个人形象，对于建立良好的人际关系具有积极意义。

SECTION 02 形象塑造的 5 个阶段

形象塑造以塑造、改善及改变为核心目标，通过内在与外在因素的有效融合来实现形象的全面提升。这一过程超越了单纯的外在审美追求，更强调通过内在力量的提升来实现全方位的形象优化与转变。

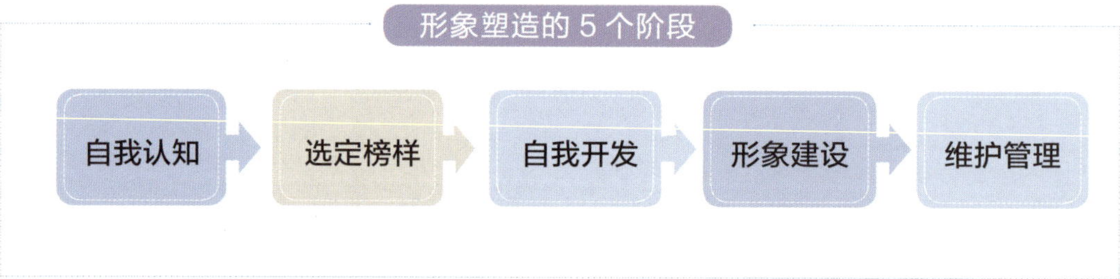

1. 第 1 阶段：自我认知

形象塑造的起点在于客观审视自身形象，接受评价，并准确识别当前的优缺点。只有深入了解并接纳自我，才能在形象塑造过程中扬长避短，迈出坚实的第一步。

2. 第 2 阶段：选定榜样

选择心目中理想的榜样作为形象塑造的目标。明确的目标有助于制订具体的形象塑造方案，从而更高效地实现个人形象愿景。

3. 第 3 阶段：自我开发

根据所选定的榜样，确定具体的提升要素，并通过持续的努力与练习，有计划地进行自我开发。这一阶段的目标是最大化发挥自身优势，同时弥补形象中的不足之处。

4. 第 4 阶段：形象建设

通过自我开发所塑造的形象需要得到有效展示与认可。向更广泛的群体传递积极正面的形象体验，是形象建设的关键环节，也标志着形象塑造的初步完成。

5. 第 5 阶段：维护管理

持续审视与管理自身形象，确保所塑造的形象与真实自我保持一致，这是形象维护与管理的核心任务。

通过分析 SWOT 的自我认知

S	W	O	T
strength 的缩写，代表优势	weakness 的缩写，代表劣势	opportunity 的缩写，代表机会	threat 的缩写，代表威胁

• SWOT 分析法是 1971 年由哈佛大学肯·安德鲁斯(Ken Andrews) 教授提出的，是一种通过分析企业的内部环境（优势与劣势）与外部环境（机会与威胁）来制定营销策略的经营学方法。如今，SWOT 分析方法已被广泛应用于多个领域。

运用 SWOT 分析的 4 个要素，可以明确自身的优势和劣势，找出属于外部因素的机会与威胁，准确掌握作为形象塑造起点的“自我认知”。以此为基础，对客舱乘务员所需的形象塑造的 5 个阶段进行实践。

我的 SWOT 分析练习

本人的形象优势是什么?	需要弥补的不足是什么?
S	W
本人想效仿的榜样形象是什么?	何种情况下无法维持良好的形象?
O	T

自我形象诊断

序号	自身形象诊断内容	选择（√）
1	认为自己很了解适合自己的形象	
2	发型总是很端庄	
3	姿态步伐端正	
4	比较注重打扮，根据场合进行穿搭	
5	善于聆听对方讲话并进行回应	
6	总是面带笑容	
7	常被称赞给人的第一印象很好	
8	被周围的人评价为平时的态度很积极正面	
9	被评价为有礼貌的人	
10	为了塑造良好的形象，比较喜欢尝试变化	

	1 ~ 5 个	与自己的想象不同，人际关系可能会受损，因此需要对自己的整体形象进行管理。
	6 ~ 7 个	给人平凡的印象，只要找到自身的不足之处，稍加努力就会具备拥有良好形象的潜力。
	8 ~ 10 个	受人喜爱的好感型形象，可以对周围产生正能量和良好的影响。

SECTION

03

客舱乘务员的形象塑造

作为航空公司形象的重要组成部分，与乘客紧密接触的客舱乘务员的形象至关重要。因此，客舱乘务员需充分利用内在与外在的形象要素，努力打造并不断提升个人形象，从而提高顾客满意度。

1. 客舱乘务员的形象塑造效果 >>>

可信度和专业性	提升待客服务质量	有效执行工作	树立航空公司形象

● 可信度和专业性

以端正的态度塑造的形象能够向乘客传递可信度与安全感，展现出客舱乘务员具备执行业务的能力与专业性。

● 提升待客服务质量

客舱乘务员良好的形象塑造不仅展示了可信度和专业性，还能为乘客带来积极的旅行体验，从而提升待客服务质量。

● 有效执行工作

正确的形象管理能够展现出端庄亲切的形象，有助于与乘客及其他乘务员进行有效的互动与沟通，提高工作效率。

● 树立航空公司形象

客舱乘务员作为航空公司的代表，其积极的态度和良好的形象通常被视为航空公司的形象，对吸引乘客和提高竞争力产生积极影响。

2. 客舱乘务员形象塑造的构成要素 >>>

形象塑造的七大构成要素

外貌　表情　体态　行为　沟通　态度　专业性

(1) 外貌。

外貌是获得他人好感的关键要素，端庄的容貌和得体的穿搭能够为客舱乘务员的专业性奠定信任基础，是塑造良好形象的重要一环。

服装、化妆、发型、造型等外在因素对于塑造专业形象具有至关重要的作用。

• 服装	客舱乘务员要穿着包括配饰在内的、符合规定的制服并保持清洁和整齐
• 化妆 / 发型	妆容要自然、干练，不可过于华丽，发型也要保持整洁
• 造型	要整体上打造出具有专业性和信任感的造型，并保持与制服相配的干练形象

(2) 表情。

表情是向乘客传达情感与态度的核心要素，不同的眼睛和嘴部形状会产生不同的表达效果。表情是决定客舱乘务员形象的关键因素，平时可通过镜前练习来塑造积极正面的表情形象。

客舱乘务员服务时要保持自然亲切的表情，并根据乘客的喜悦、不便、满意、不满等使用恰当的表情，与乘客产生情感共鸣。

然而，需留意避免过度表达情感，以免给乘客带来不便。

(3) 体态。

端正的体态是展现自信与态度的重要因素之一。特别是在处理乘客需求时，正确的体态是基础，有助于提高与乘客沟通的效率和服务效率。

因此，各航空公司在进行新入职客舱乘务员培训时，会对客舱服务所需的 standard motion（标准动作）进行着重培训。

(4) 行为。

行为与表情、外貌及姿态密切相关，因此需养成良好的行为习惯。包括体谅乘客、使用礼貌用语、尊重并倾听乘客意见、遵守基本礼仪等在内的礼貌行为应多加实践。

(5) 沟通。

表达清晰和逻辑严谨是良好沟通的两大要素。

向乘客传递信任感需要外在和内在两个方面的支持。外在因素如标准发音、合适声调和语速等可以通过短期努力达成，而内在因素如知识储备、经验等则需要长期积累。

(6) 态度。

客舱乘务员对乘客的服务态度应建立在专业性和责任感的基础上。要以亲切、积极、正面、专业的服务态度为基础， 通过教育培训和实践经验不断完善自己。

(7) 专业性。

要遵守安全飞行的相关规定和指南，在服务过程中运用专业知识，使乘客建立信赖感，通过对乘客的理解和顺畅的沟通提高客舱乘务员的专业形象。

3. 明快的表情 >>>

客舱乘务员的表情在向乘客传递安全感和亲切感方面发挥着重要作用。

乘客在飞机飞行过程中可能会因机体晃动、密闭空间、座位空间狭窄、客舱内活动不便等感到不安或不适，这时客舱乘务员的微笑和明快的表情可以缓解乘客的不安与不适。

另外，客舱乘务员明快的表情可以向乘客传达正能量，打造良好的客舱氛围，有助于提高乘客满意度。

明快表情产生的效果

感情调节效果　感情传递效果　与声音的协同效果　树立正面形象（好感）

(1) 感情调节效果。

“不是因为心情好而笑，而是笑着笑着心情就会变好”，这在科学上也得到了证明。因此即使在服务过程中感到疲惫，通过保持积极的表情工作也能调节自身情绪。明快的表情对于控制自己的感情起着很大的作用。

(2) 感情传递效果。

积极的表情能够感染对方并改善其情绪。客舱乘务员的明快表情能够与乘客形成积极的互动，积极的互动能够促进与乘客的沟通，通过顺畅的沟通能够准确了解乘客的需求，从而迅速提供服务，这不仅有助于提高工作效率，还有助于提高服务质量。

(3) 与声音的协同效果。

研究表明，积极的表情通常会使声音更具活力和明亮感。客舱乘务员应用积极的表情和富有活力的嗓音亲切地接待乘客。

(4) 树立正面形象（好感）。

美国心理学家 Albert Mehrabian （艾伯特 · 梅拉宾）关于“人的形象塑造”的相关研究结果表明，在人的形象塑造中占据最大比例的是视觉要素，即面部表情、发型、着装、语气、手势等。

视觉要素决定一个人的形象好坏，在这些视觉要素中，明快的面部表情对塑造良好的形象起着至关重要的作用。

因此，客舱乘务员需时刻保持积极的表情以展现正面形象并提升乘客满意度。

梅拉宾法则

• 在沟通或塑造形象的过程中，语言要素，即说话内容的重要性仅占 7%，听觉要素占 38%，视觉要素占 55%。该 7∶38∶55 比率被称为梅拉宾法则。

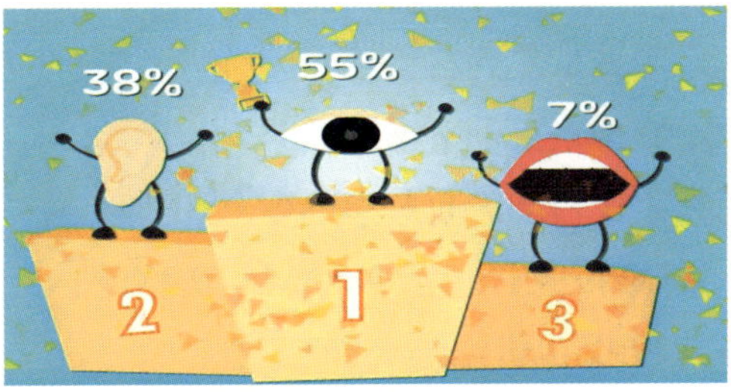

打造明快表情

放松眼部和眉部肌肉	放松口部肌肉	嘴角上扬	练习微笑

人的面部有大大小小 40 多块肌肉，通过这些肌肉的相互牵拉、收紧，可以形成 7 000 多种表情。

人们可以根据自己的情感来塑造面部表情。因此，为了打造明快的表情，放松面部肌肉，使其能够自然持久地维持，这一点非常重要。

● 放松眼部和眉部肌肉

① 眼球从左到右移动。

② 眼球从上到下移动。

③ 眼球按圆形轨迹移动。

④ 眼球左右交叉并按圆形轨迹移动。

⑤ 眼睛和眉毛扬起、落下。

⑥ 反复练习。

练习 1

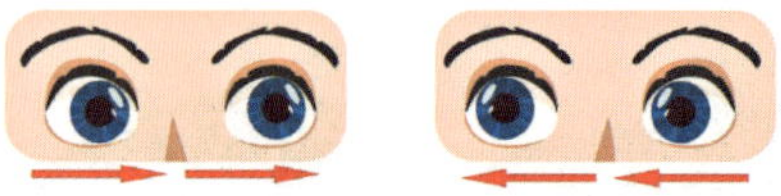

① 眼球从左到右移动

练习 3

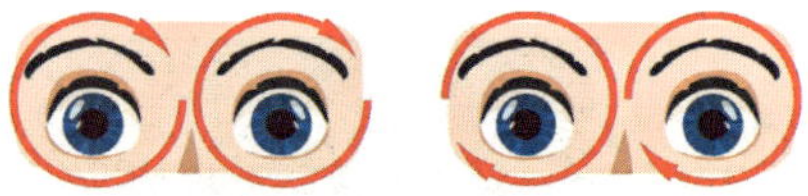

③ 眼球按圆形轨迹移动

练习 2

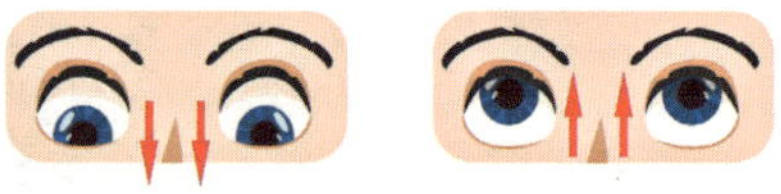

② 眼球从上到下移动

练习 4

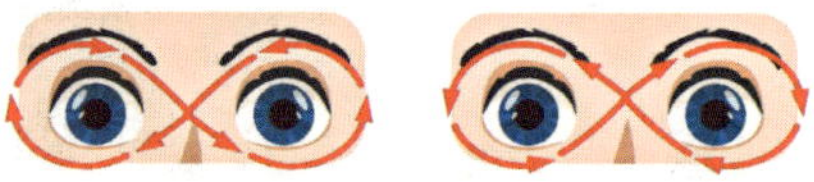

④ 眼球左右交叉并按圆形轨迹移动

● 放松口部肌肉

① 发“啊”的声音，最大限度地张开嘴保持 10 秒。

② 发“诶”的声音，嘴角向两侧伸展后保持 10 秒。

③ 发“一”的声音，嘴向旁侧张开，颧骨上提保持 10 秒。

④ 嘴唇向中央圈成圆形，发“哦”的声音，保持 10 秒。

⑤ 嘴唇向中央圈成圆形，发“呜”的声音，保持 10 秒。

⑥ 上述动作至少反复练习 3 次。

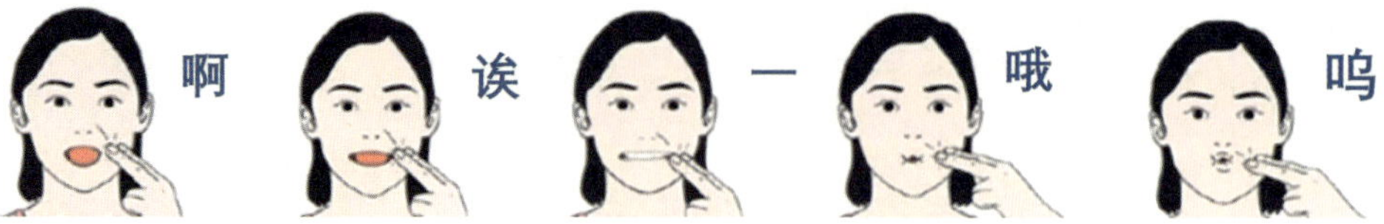

● 嘴角上扬

① 用双手食指尖按压嘴角固定。

② 用食指从按压位置尽量向对角线上方提拉。

③ 用食指向上提拉后保持 10 秒。放下食指再保持 10 秒。

④ 做微笑状，重点是尽可能两侧对称。

⑤ 从嘴角开始放松，慢慢恢复原状。

⑥ 上述动作反复练习 5 次。

● 练习微笑

① 与对方对视，然后自然地看向对方眉间、脸颊、下颌。

② 嘴角上扬。

③ 练习时，尽量让眼睛和嘴角同时绽放笑意。

④ 反复练习。

表情的自我诊断

表情作用于第一印象并决定形象。为建立良好的人际关系，应展现出比实际情绪更加积极的态度。

序号	本人的表情	选择（√）
1	正专注于工作，有人搭话时会皱着眉头看向对方	
2	照片中的自己经常面带尴尬的微笑	
3	对着镜子展现笑容时，自己的样子很别扭	
4	对话的时候一直和对方对视会有负担	
5	经常被别人问起是否哪里不舒服或者是否心情不好	

序号	本人的表情	选择（√）
6	与人交谈时经常感到自己面无表情	
7	有时候会越过眼镜框上方看人或者斜眼看人	
8	照镜子时，不是微笑的表情，而是一贯的面无表情	

以上表情如果具备 4 个以上，就需要进行改善。

脸上的细微肌肉为了表达感情会细心地做动作，这种细微反应会在 1/15 秒内反射性地出现，因此根据平时的表情，瞬间的表情也会有所不同，就如同锻炼身体的肌肉，对面部肌肉也要不断进行训练才能做出好的表情。

4. 标准仪态 >>>

标准仪态是指以自然、稳定的姿势维持身体的平衡，头部、颈部、背部保持在一条直线上，肩部水平，足部平触地面并均匀支撑体重，站立时保持端正姿态。

保持标准仪态会对提升外在形象产生积极的影响，有助于提高自信心，并使乘客产生好感和信任感；相反，若身体姿态不当，展现出的态度或行动也会受到影响。

客舱乘务员的标准仪态始于心态的调整，而这些标准仪态反过来也会进一步塑造和强化他们的内心。

标准仪态的必要性

客舱乘务员长时间工作在相对狭窄的服务通道或空间里，长时间站立且频繁熬夜，由于工作时间不规律和时差变化，很难维持正常的身体状态，如果身体表现得过于疲惫，会影响其专业的服务和表现。因此，维持标准仪态尤为重要。其必要性主要表现在以下 3 个方面。

- 维持及促进健康
- 顺利提供服务
- 提高服务质量

客舱内高度

- 飞机的实际飞行高度为 27 000 ~ 33 000 英尺(1 英尺 =0.304 8 米)，但客舱内高度通过余压装置维持在 5 000 ~ 6 000 英尺，如果没有特殊的健康问题对身体不会产生太大影响。

5 000 ~ 6 000 英尺的高度相当于中国泰山的高度。

● 维持及促进健康

标准仪态能减轻脊椎、关节及肌肉的负担，避免体力下降、疲劳和疼痛等健康问题。

● 顺利提供服务

客舱乘务员为了迅速应对乘客的要求需要来回走动或做其他服务工作，如果不保持标准仪态，运动能力和平衡感就会下降，导致动作变慢、准确性下降，从而对提供服务产生负面影响。

● 提高服务质量

细致、舒适的服务始于标准仪态，乘客在得到细致、舒适的接待时会提高满意度，因此客舱乘务员的标准仪态是提高服务质量的关键因素。

各航空公司基于标准仪态制定并实施乘务员的服务标准动作，以提高工作效率和乘客满意度。

保持标准仪态的拉伸

客舱乘务员为了保持标准仪态，要熟悉简单的伸展动作要领，在飞行工作前后或飞行工作中必须进行拉伸，努力缓解身体紧张，强化柔韧性。

伸展手腕	伸展颈部	伸展肩部	伸展腰部

伸展手腕

有助于缓解手腕的疲劳，改善血液循环。

- 十指交叉，转动手和手腕。
- 反复伸展和弯曲 5 个手指。
- 展开一只手，手腕上下摆动，慢慢拉向身体。
- 手掌相合，手肘平齐，指尖向下。

伸展颈部

为了放松颈部肌肉，将头扳向左右或抬头缓慢地画圈转动，拉伸颈部肌肉。

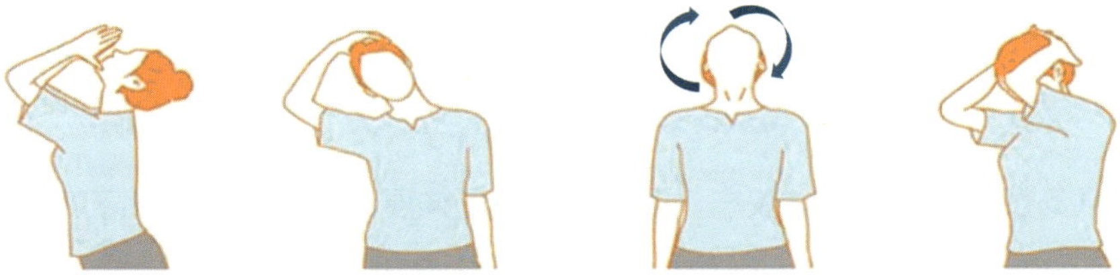

- 将双手拇指放于下颌处轻轻向上推。
- 将手放在头上，向侧面慢慢拉伸。
- 慢慢画圈转动脖子。
- 双手交叉放在头后，在头部和手部发力的状态下慢慢向下拉，然后回到原位。

伸展肩部

有助于缓解肩部肌肉疲劳和疼痛。

- 慢慢打圈转动肩膀关节。
- 将一只手臂向前伸直；另一只手臂交叉放在上面，并缓慢将下面的胳膊向身体方向拉伸；保持姿势 10 ～ 15 秒，感受肩膀与手臂肌肉的拉伸感；两只手臂重复进行。
- 双臂放在头后，抓住一只胳膊肘向下压。
- 在背后握住双手向上提，头向后仰。

伸展腰部

为了缓解腰部肌肉，左右扭动腰部或向前弯下腰来拉伸腰部肌肉。

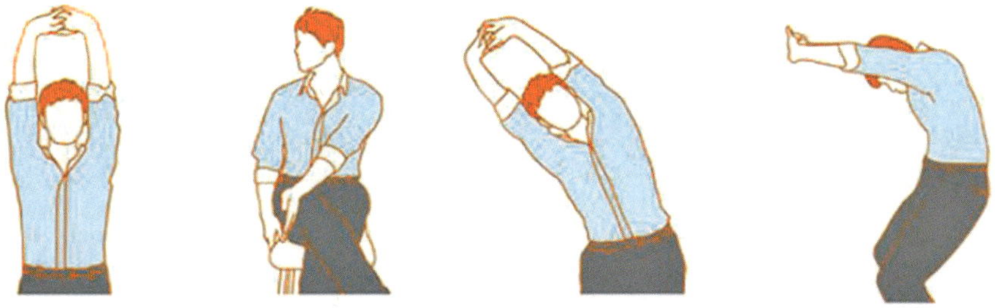

- 双手交叉，慢慢伸过头顶。
- 坐在椅子上，向左右两侧转腰，双手抓椅背下端。
- 双手合十，举过头顶，向左右侧弯腰。
- 十指交叉，手掌向前伸，低头屈膝。

SECTION 04

客舱乘务员的制服着装规定

1. 制服的意义

制服作为职业象征，赋予客舱乘务员特定的象征意义，其穿着制服的形象直接代表了航空公司的形象。

制服蕴含着权威性、专业性、信赖性、审美性，体现着客舱乘务员的正面形象，为客舱乘务员有效地工作提供保障。

正确穿着制服，并搭配符合规定的自然干练的妆容（make-up）和发型（ hair-do）至关重要。

制服的 4 种意义和作用

权威性　专业性　信赖性　审美性

意义	含义	作用
权威性	具有安全要员的角色和意义，同时可以行使控制权	在飞行过程中，客舱乘务员必须具备正确的情景意识和良好的决策能力，确保乘客的安全并有效地引导和管理乘客
专业性	具有广泛的业务知识和丰富的实践经验	应确保乘客安全舒适地抵达目的地，并提供相应的服务
信赖性	对服务工作有基本的信任和相应的期待	在任何情况下，都应提供能够满足乘客需求和期望的服务
审美性	给人以端庄干练的印象	应积极塑造客舱乘务员的正面形象，从而提高乘客满意度和公司形象

2. 制服的重要性 >>>

制服强调了客舱乘务员作为一线服务人员在代表航空公司形象方面的重要性。

各航空公司会依据仪容仪表规定统一打造乘务员形象，确保制服整洁，与职业形象一致。

制服的重要性

- 使乘客产生良好的第一印象和信赖感
- 提高自信心
- 优化工作成果
- 提升公司整体形象

3. 制服着装规则 >>>

尽管各航空公司在客舱乘务员制服着装方面的具体规定可能略有不同，但基本目标都是赋予形象统一性并提高服务质量。

了解制服着装标准及规定，并通过正确穿着制服来维持专业、有品位的形象是必要的。

(1) 制服着装规则。

① 不得以个人喜好为由，擅自变更制服着装规定。

② 以合身的尺寸维持端庄的形象。

③ 确保制服熨烫平整。

④ 保持制服清洁并确保纽扣等配件齐全。

⑤ 将配饰佩戴在正确位置，禁止佩戴个人配饰。

(2) 配饰标准。

客舱乘务员的形象与和谐度是重要标准，因此遵守各航空公司的详细规定至关重要。许多航空公司禁止在耳朵、鼻子或其他身体部位进行穿孔和文身。

女性乘务员主要检查项目及标准（各航空公司标准不同）

检查项目	标准
头发	保持清洁状态，头发不可遮住眼睛或下垂至眉毛处
化妆	妆容干练、柔和，体现专业性
指甲	保持清洁和适当的长度或涂指甲油进行管理
皮鞋	鞋跟无破损，大小适中，保持清洁和光泽
制服	纽扣和配饰在正确位置，清洁无褶皱
衬衫	穿白色衬衫时要内搭白色或肉色系内衣
裙子	要遵守规定，不能过短，注意裙衩部分的管理
丝袜	穿着指定的颜色，不要勾丝
丝巾	按照丝巾打结方法统一佩戴，清洁无褶皱

男性乘务员主要检查项目及标准（各航空公司标准不同）

检查项目	标准
衬衫	不可挽袖，衬衫袖子需长出制服 1 ～ 1.5 厘米
内衣	穿白色衬衫时，内衣要穿和衬衫一样的白色或肉色
制服纽扣	一粒扣、双排扣制服需全部扣好，三粒纽扣制服只扣到第二颗
皮鞋	鞋跟无破损，大小适中，保持清洁和光泽
袜子	选择与制服颜色相似的黑色、蓝色、深灰色，袜筒要长
裤长	保持裤子盖到鞋的 1/3 处
口袋	上衣或裤子口袋里不可装物品，以免口袋凸起
领带	领带的末端需略微遮住皮带扣
系领带方法	领带系法以单层系法为主，领结处要小
领带夹	系好领带后，在由上往下的 2/3 处夹好

(3)coat（大衣）和 gloves（手套）标准。

① 根据出发地或到达地天气状况进行选择，航空公司会公告是否穿大衣和戴手套。

② 确保大衣的纽扣和腰带扣好并穿戴整齐。

③ 穿大衣时不应解开纽扣或松开皮带。

(4)accessories（饰品）佩戴规定。

饰品的佩戴应不影响飞行安全工作及紧急逃生。

饰品主要检查项目及标准（各航空公司标准不同）

检查项目	标准
耳环	每只耳朵只允许佩戴一只，禁止有特定标志或违反安全规定的设计，避免过大或色彩艳丽的耳坠。金、银、铜、珍珠等材质为宜
戒指	禁止佩戴镶嵌宝石或凸起型妨碍安全的戒指以及拇指或关节戒指
手表	必须佩戴手表，表带为符合正装风格的不锈钢、皮革材料，禁止佩戴过于华丽或超大尺寸、运动型、青少年卡通手表
项链	与制服相配，设计简单，禁止多个重叠或露在制服外
手镯	形状与制服相配，几乎没有金、银、铜等材料的装饰，风格简洁，不与手表一起佩戴
香水	选择适合自己体味的香水，避免过度使用香水

香气形象塑造

对客舱乘务员来说，香水是必备品。散发着淡淡香气会有利于给人留下好印象。在客舱这一有限的空间内，由于客舱乘务员与乘客距离较近，香气形象的塑造尤为重要。推荐使用令人感觉舒适、带有余香的花香系列或清爽的柑橘系列香水。

SECTION
05 客舱乘务员通勤时的形象塑造

客舱乘务员穿制服通勤的意义在于对外公开自己的职业和公司。因此，穿着制服通勤的客舱乘务员对公司形象的影响很大，所以通勤时也要保持和乘客在一起的心态管理自己的行为。

1. 保持端庄、干练的形象

客舱乘务员代表公司的形象，因此要遵守飞行服务工作中的制服穿着标准，保持标准妆容和发型，但可根据气温的变化选择不同的外套。

2. 保持标准仪态和 etiquette（礼仪）

保持正确的走姿，充满活力且自信，对周围的人彬彬有礼。

① 走姿要正确，不要拖着地或踩着鞋后帮走。

② 和同事或熟人一起上下班时， 不要过度表达私人感情（如挽胳膊、大声聊天、让朋友帮忙拉拉杆箱等）。

③ 行走中通话时要简明扼要，不可大声喧哗。

④ 乘坐公共交通工具时，注意不可表现出散漫的样子。

⑤ 行走时为了安全，不要使用耳机。

⑥ 出行时要遵守公共道德和交通规则。

SECTION 06

客舱乘务员在国外逗留期间的形象塑造

1. 入住酒店 >>>

room（客房）使用礼节

(1) 使用客房设施。

① 需要 room cleaning（客房清扫）时，将“make up room”（请打扫房间）标签挂在门前的把手上。

② 休息或者不想被打扰时，将“do not disturb”（请勿打扰）标签挂在门前把手上。

③ 将浴帘末端塞入浴缸，以免浴缸里的水溢出浴缸。

④ 浴袍、拖鞋、衣架、熨斗等是酒店备置物品，使用后要放回原处。

⑤ 不要在冰箱内保存有异味的食物。

(2) 一般礼节。

① 需要客房清扫服务时，将1～2美金的纸币放在枕头上或床边的 床头柜上作为小费。

② 注意不要在不卫生或脏乱的状态下 checkout（退房）。

③ 使用双人客房时，为了不妨碍同事，需要体谅对方并遵守礼仪。

④ 注意不要在客房里制造噪声。

⑤ 禁止在客房里做饭。

⑥ 在卫生间内只洗简单的衣物（内衣、丝袜等），其他衣物使用酒店 laundry（洗衣房）服务。

客舱乘务员在海外逗留期间，要注意个人的言语和行为，维护航空公司的形象。

2. 服装 >>>

着装礼节

① 中东等部分国家因宗教原因对服装有限制，因此要准备符合各居住地情况的服装。

② 在国外要配备符合 TPO（时间、地点、场合）的服装。

③ 使用 fine dining（高级餐厅）时，不要穿休闲服或运动服、拖鞋。

④ 在 hotel（酒店）住宿时，尽量避免不适合酒店的仪容和过于 casual（休闲）的打扮。

酒店 Western restaurant（西餐厅）早餐和 buffet（自助餐）注意事项

- 不只携带 room key（房卡），在西方文化中只携带房卡时会引起误会 。尽可能携带小 bag（包），将房卡放在包内保管。
- 在入口处，不要在没有领位员的引导下就随意坐在自己想坐的座位上。
- 避免穿着过分暴露的服装、过于休闲的服装、运动服、打底裤、拖鞋。
- 注意避免以未打理头发、未洗脸的状态进入餐厅，要做好面部清洁、涂抹适当底妆并整理好头发后再进入。
- 穿着半正式服装。
- 吃自助餐时，注意不要一次性大量取餐并剩下。
- 对话时不要吵闹。
- 不要长时间占用餐桌。

CHAPTER 04

make-up（妆容）和 hair-do（发型）

01 妆容和发型的重要性

02 正确的 cleansing（清洁）和化妆顺序

03 适合客舱干燥环境和制服的妆容

04 端庄的发型

客舱乘务员的妆容和发型必须与制服自然搭配，这是构成客舱乘务员专业性和可信度的基本要素之一。

客舱乘务员应以航空公司内部规定的妆容和发型为标准，展现与自身样貌相协调的职业形象。

学习目标

- 了解妆容和发型的重要性。
- 熟悉适合客舱乘务员制服的妆容和发型，展现专业、亲和的职业形象。

SECTION 01

妆容和发型的重要性

妆容和发型的 4 个重要性

提高自信心	展示专业性	提高顾客（乘客）满意度	维护航空公司品牌形象

1. 提高自信心

通过妆容和发型使形象发生美的变化，可以提高客舱乘务员的自信心，从而以积极的心态进行工作，这种积极的心态对与乘客的互动也会产生积极的作用。

2. 展示专业性

问卷调查显示，乘客普遍认为拥有干净、干练的妆容和端庄发型的客舱乘务员能够展现出专业形象，并更具有可信度。由此，客舱乘务员可以与乘客进行顺畅的沟通并提供高效的服务。

3. 提高顾客（乘客）满意度

客舱乘务员需在客舱内长时间直接面对乘客提供服务。因此，干练的外表和端庄的发型会给乘客留下良好的印象，从而与乘客建立正面良好的关系，提高乘客的满意度。

4. 维护航空公司品牌形象

客舱乘务员通过遵守航空公司规定的妆容和发型指南，打造统一的职业形象，将一线服务中的个人形象与航空公司的形象相连接，以保持品牌形象的一贯性。

SECTION 02

正确的 cleansing (清洁)和化妆顺序

正确的清洁和化妆顺序是保护皮肤健康、提高化妆效果的重要因素，也是改善客舱乘务员外在形象的第一步。

1. 清洁顺序 >>>

清洁是指将皮肤上的妆容、皮脂、灰尘等彻底清除的过程。细致清洁可使皮肤保持健康状态，促进血液循环，助力打造更自然、光彩照人的肌肤。

选择 cleanser（清洁用品）

清洁用品大致可以分为两种类型，使用适合各自皮肤 type（类型）的清洁用品，可以达到更好的清洁效果。

清洁用品类型

• 表面活性剂型	用水清洗的类型，包括产生泡沫的 cleansing form（洗面乳）、cleansing gel（洁面啫喱）等。
• 溶剂型	不使用水，涂抹在皮肤上擦拭的类型（使用面巾纸或化妆棉），包括 cleansing water（卸妆水）、cleansing oil（卸妆油）、cleaning cream（卸妆乳）、cleansing milk（洁肤乳）等。

不同皮肤的清洁产品类型

卸妆比化妆更重要。清洁面部时，只有确保皮肤上不留下彩妆残留物，并选择适合自己皮肤类型的清洁产品，才能让皮肤变得更干净、健康。

类型	清洁产品	特征	适用肤质或妆容
表面活性剂型	洁面啫喱	• 清爽，对皮肤刺激小 • 舒缓肌肤	• 敏感性 • 油性
	洗面乳	• 弱酸性，与香皂不同，刺激小 • 可充分清洁水溶性污染物，油性污染物则需双重洁面	• 所有肤质
溶剂型	卸妆乳	• 富有营养 • 清洁力卓越 • 因油分黏腻感建议双重洁面	• 浓妆
	卸妆油	• 分解毛孔中的皮脂和彩妆残留物 • 使用感：水润、柔和、不紧绷 • 易于溶解，可省略双重洁面	• 干性 • 浓妆
	卸妆水	• 使用感：清爽、不黏腻 • 建议尽可能双重洁面	• 油性 • 敏感性
	洁肤乳	• 水润保湿效果，使用感清爽 • 最大限度地减少皮肤刺激 • 易溶于水，可省略双重洁面	• 干性 • 敏感性 • 所有肤质

清洁时的水温

最好使用比皮肤温度稍高、30 ～ 35 ℃ 的温水洗脸，并在洗脸过程中保持水温一致。需要注意的是，冷热水交替洗脸或水温过高会对皮肤造成刺激，损伤皮肤屏障。

清洁方法

由于清洁时可能会刺激皮肤，因此最好在手指放松的状态下，使用食指、中指和无名指由内而外尽可能轻柔细致地画圈清洁。

另外，用温水冲洗干净后，需确保没有化妆品残留物；建议在皮肤水分蒸发之前，使用 toner（爽肤水）滋润皮肤，并立即使用保湿产品。

清 洁 顺 序

皮脂分泌量较多的T区（额头和鼻子） → 相对较为干燥的U区（两颊和下颌） → 皮肤轻薄细腻的眼周和口周

清洁顺序

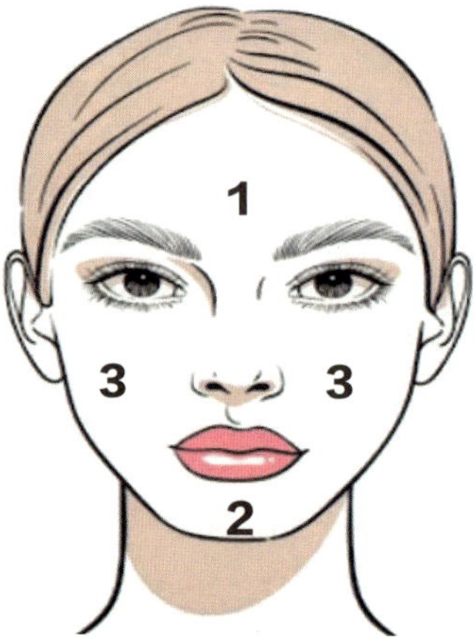

2. 化妆顺序 »»

按照正确的化妆顺序化妆可以提高妆容的持久性，打造自然美丽的妆容。

此外，正确的化妆顺序能够使肌肤充分获得所需的营养和水分，并保护皮肤。因此，需遵循正确的化妆顺序，将化妆品搭配好后进行使用。

skin care（护肤）

护肤是指去除残留的代谢物和油脂，并补充水分的过程。通过这一过程可以使皮肤变得干净，从而为后续上妆打下良好基础。

一般护肤顺序

toner（爽肤水）→ eye cream（眼霜）→ essence（精华）→ lotion（润肤乳）→ cream（面霜）→ sun cream（防晒霜）

① 爽肤水

清洁之后使用 toner（爽肤水）调节皮肤 pH（酸碱）值并补充水分。

② 眼霜

眼霜用于保护眼周娇弱皮肤并补充水分。

眼霜的使用方法很重要，需以不刺激眼睛下方娇弱皮肤组织的力度，用无名指轻轻拍打眼睛下方和眼尾，帮助其吸收。

③ 精华

精华用于增加皮肤弹性和水分，并提供营养。由于精华中活性成分的粒子较小，易渗透到皮肤最深层，因此最好用于皮肤保湿。

④ 润肤乳

为了提升高浓缩眼霜和精华的效果，需使用润肤乳形成水分膜进行保湿，并调节水油平衡。

⑤ 面霜

润肤乳质感轻薄，而面霜则较浓稠，具有更强的保湿力，可以防止皮肤水分蒸发。但如果使用过多，反而会不易吸收并泛油光，因此需根据各自的皮肤类型适量使用。

⑥ 防晒霜

夏季可以使用防晒系数（SPF）为 30 ~ 50 的防晒霜，冬季使用 SPF 为 15 ~ 25 的防晒霜。使用 PA+++ 产品阻断 UVA（长波紫外线），使肌肤免受紫外线伤害，保护皮肤，预防皮肤老化及色素沉着。

上述顺序是一般的护肤顺序，根据个人的皮肤类型和状态会有所不同，因此寻找适合自己的产品非常重要。

base make-up（底妆）

底妆的作用是突出彩妆、优化皮肤状态。

底妆顺序

make up base（隔离霜）→ concealer（遮瑕膏）→ foundation（粉底）→ loose powder（散粉）→ blusher（腮红）

① 隔离霜

隔离霜的作用是调整肌肤色调，提高粉底的服帖性和持久性。

干性皮肤适合水分含量高的液体类型和遮瑕力强、油分含量高的霜膏类型。

② 遮瑕膏

遮瑕膏用于遮盖皮肤瑕疵，仅需少量用于相应部位。

③ 粉底

粉底用于调节皮肤纹理和肤色。使用两种颜色可打造立体的面部轮廓，突出彩妆。此外，粉底还可以保护皮肤免受紫外线、寒冷和污染等外部刺激。

④ 散粉

散粉作为修饰皮肤的最后阶段， 用于去除皮肤油分，打造干净的肤色，并提高妆容的持久性。选择与粉底颜色相同或者稍亮一点的颜色比较适宜。

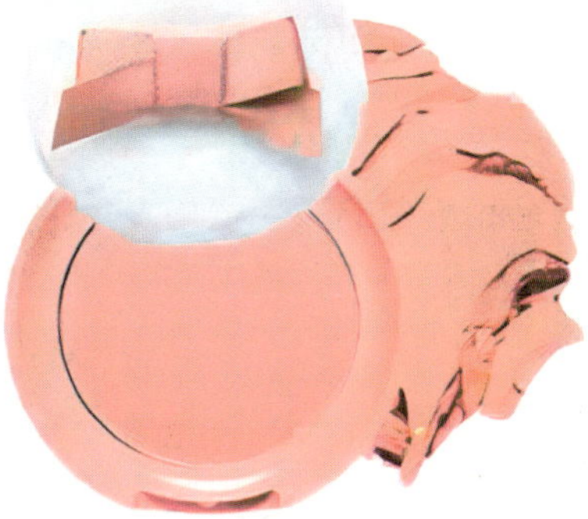

⑤ 腮红

腮红起到使皮肤看起来红润、改善脸部轮廓的作用。此外，腮红会使面部线条显得立体清晰，给人以充满活力的印象和健康的感觉。

皮肤白皙的人适合使用粉色的腮红，皮肤泛黄的人适合使用珊瑚色和浅橙色的腮红，而皮肤较黑的人适合使用棕色的腮红。

涂抹腮红时，可做出微笑状，用腮红刷将腮红涂抹在最凸起的部位。沿着脸颊的凸起部位向发际线方向轻轻涂抹，并向下方发际线方向柔和地混合颜色。用腮红刷上剩余的腮红自然地连接额头、鼻尖、下颌线部分，即可得到立体和红润的妆容。

只有选择并使用适合自己皮肤状态的产品，才能打造出理想的妆容。

eye make-up（眼妆）

眼妆能够最直观地展现个人形象，因此，为了展示客舱乘务员的专业性和可信度，在化妆过程中，需使用航空公司规定的颜色组合。

眼妆略深会给人凌厉的感觉，应尽量避免使用非航空公司规定的深色或过于醒目的颜色。

eye brow（眉毛）是决定面部印象的重要因素之一。眉毛的形状、颜色、浓密程度，会对面部妆容产生较大影响。因此，需要找到适合自己的风格，并反复练习掌握化妆技巧。

眼妆顺序

eye brow（眉毛） → eye shadow（眼影） → eye liner（眼线） → mascara（睫毛膏）

① 眉毛

以眉头、眉尾、眉峰的位置为基准描画眉毛，保留自己的眉毛并有一定的厚重感，这样会显得更加自然。

用眉笔勾勒出眉毛形状，使用眉粉画出整体的立体感，用棉棒或眉刷将眉头晕染开。眉笔和眉粉的颜色要与发色相近或稍微浅一点。

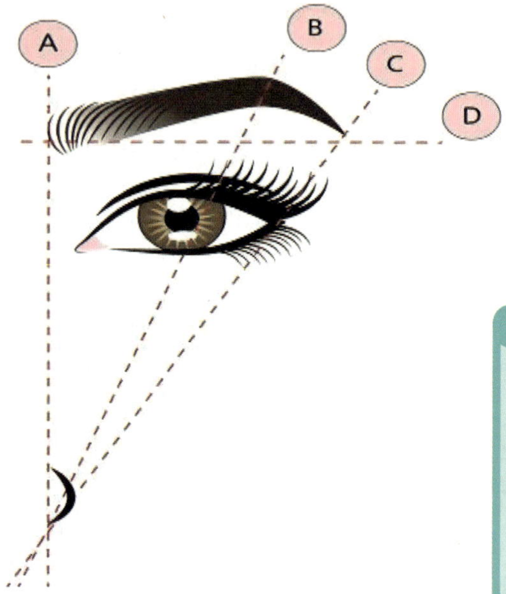

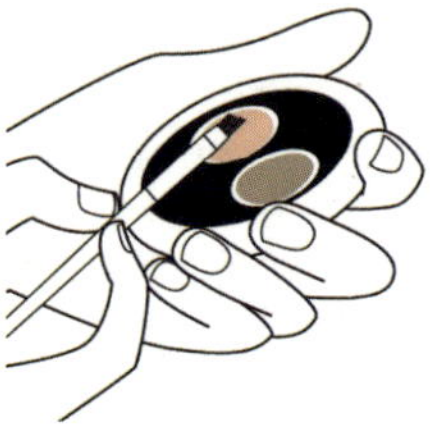

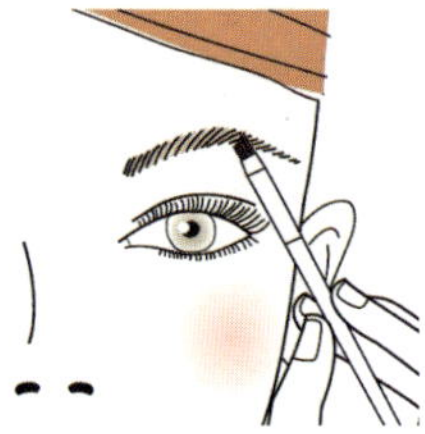

- A ▶ 眉头
- B ▶ 眉峰
- C ▶ 眉尾
- D ▶ 眉头和眉尾的高度相同

画眉

位置	眉毛的画法
A	先画眉头，眉头位置在鼻翼边缘与内眼角垂直相交处
B	再画眉峰，眉峰位置在从鼻翼出发，以斜线经过瞳孔末端处
C	最后画眉尾，眉尾作为末端，位于经过鼻翼和眼尾的斜线处
D	使眉头和眉尾的高度相同

② 眼影

眼影通过为眼部增添色彩和阴影，打造出美丽、立体的眼眸。眼影要选择与制服相配的颜色。

使用 3 种颜色

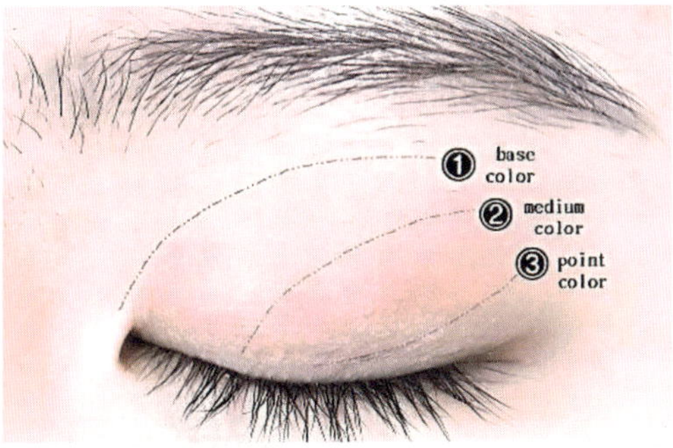

① base color （基础色）

② medium color （中间色）

③ point color （重点色）

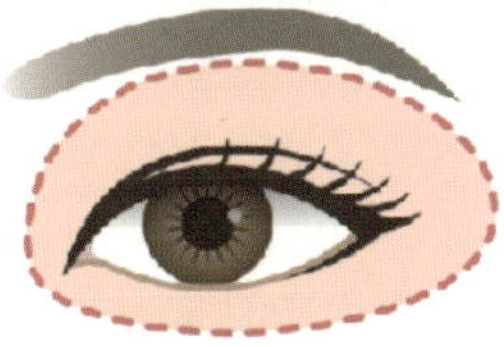

base color

（基础色）

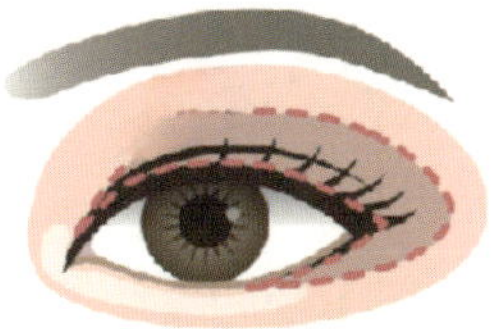

medium color

（中间色）

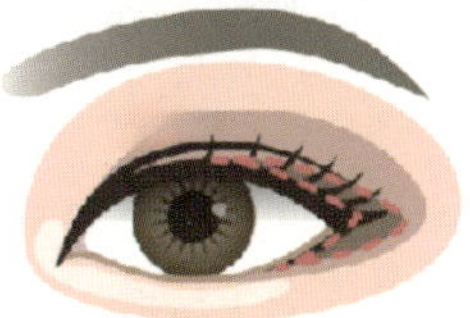

point color

（重点色）

颜色	眼影的画法
①基础色	用白色系中的亮色在眼皮上大范围薄涂一层
②中间色	从眼尾向前到眼皮的 1/2 区域进行晕染
③重点色	从眼尾沿着睫毛线涂抹，使眼眸看起来更清澈

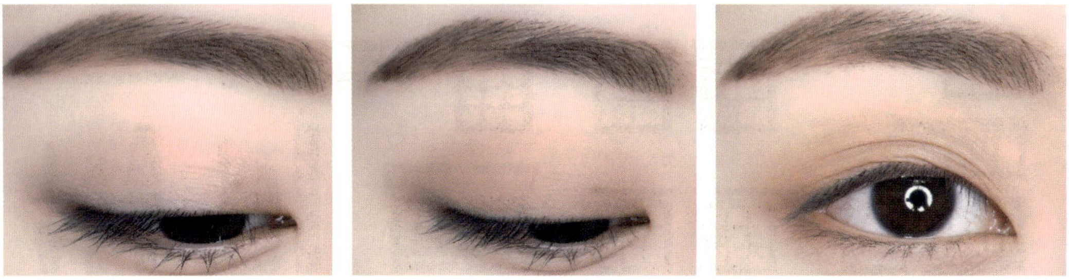

③ 眼线

眼线与眉毛一样，具有突出眼眸、打造鲜明眼部线条的重要作用。

- 填补睫毛间隙并在高于眼线 1 ～ 2 毫米处自然勾画。
- 从眼部中央开始画至眼尾，再从内眼角画至眼尾。

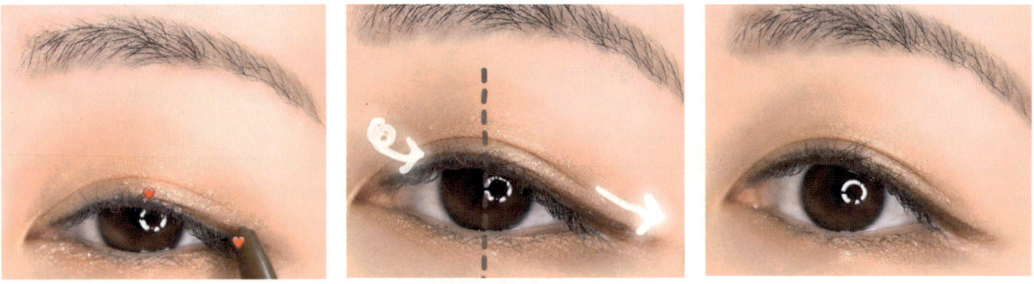

[第一步] 从眼部中央向眼尾方向画一条基准线。

[第二步] 从眼部中央开始向眼尾方向描画（根据个人的习惯，也可从眼角开始画到眼部中央）。

[第三步] 从内眼角向眼尾方向进行连接描画。

④ 睫毛膏

睫毛膏可以让睫毛看起来又长又浓密，使眼睛有深邃感。

- 为了提高卷翘效果，在睫毛根部涂抹睫毛膏，等待 3 秒后再次涂抹。
- 按照睫毛中央、眼角、眼尾的顺序涂抹。
- 将下睫毛竖起，向左右刷过之后再向下刷。

唇妆

嘴唇比其他皮肤组织对温度及干燥的敏感度更高。lipstick（口红）和 lip gloss（唇彩）可以为嘴唇提供水分和油分，预防嘴唇干燥，并保护嘴唇免受紫外线伤害。此外，唇妆会使嘴唇看起来红润有活力，提升整体化妆效果。

上底妆 → 画唇线 → 上唇色 → 完成

① 上底妆

使用粉底和散粉使唇线与唇色整体统一，便于均匀涂抹口红。

② 画唇线

用唇线笔在上唇中央先画出 V 字，在两侧画出唇峰后，再连接起来画出上下唇线（使用唇线笔和唇刷）。

③ 上唇色

使用 lip brush（唇刷）勾勒上下嘴唇形状，先进行填充，再从嘴角向唇峰方向画，打造清晰轮廓。

④ 完成

使用口红和唇彩完成整体色彩。

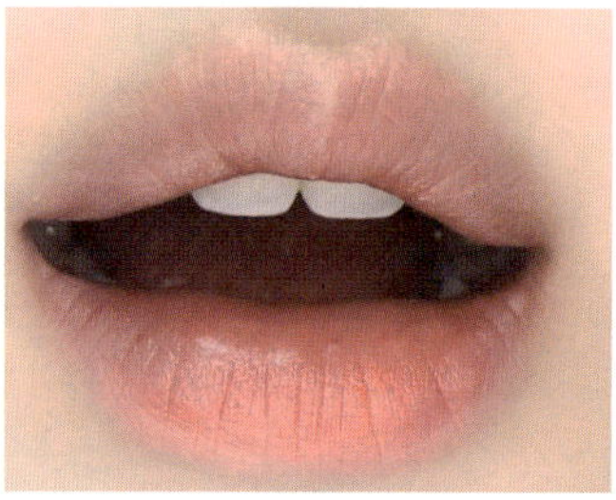

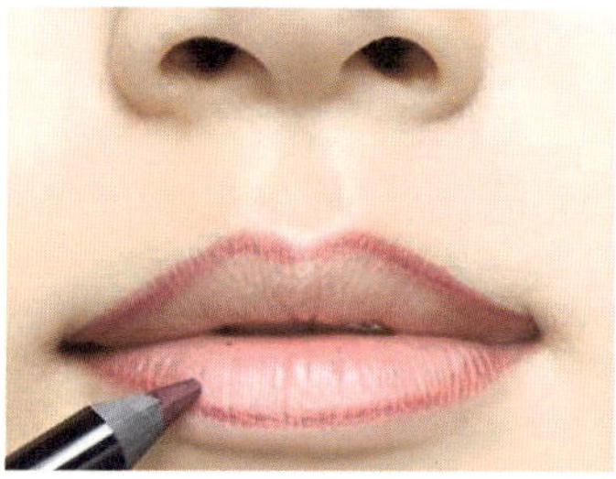

选择与唇色相近的口红颜色较为稳妥，而选择与唇色相同或略深一点的颜色最能凸显个人气质。

SECTION 03 适合客舱干燥环境和制服的妆容

由于客舱内湿度低、环境干燥，因此长时间飞行时尤其需要细心管理妆容。

由于不规律的工作时间和时差会增加疲劳感，因此工作前需充分休息；工作过程中在条件允许的情况下，应经常做伸展运动，促进血液循环。此外，为了保持良好的身体状态，最重要的就是要养成充分摄取水分和健康饮食的习惯。

1. 适合制服的妆容 >>>

隔离霜颜色

了解不同颜色隔离霜的功能，寻找适合自己皮肤的颜色。

不同颜色隔离霜的功能

隔离霜颜色	功能
white（白色）	适合暗沉、黝黑或有瑕疵的皮肤
pink （粉色）	适合没有血色、显得松弛的皮肤
orange （橙色）	使黝黑的皮肤或晒黑的皮肤看起来更有活力
green （绿色）	对肤色不均匀或长痘皮肤有效
violet （紫罗兰色）	提亮泛黄或没有血色的皮肤
blue （蓝色）	适合白皙或苍白的皮肤
lavender （薰衣草色）	适合敏感或发红的皮肤

选择粉底液颜色

可以在下颌线、脖子、胳膊内侧涂抹少量粉底液进行测试，并在自然光线下观察，选择与皮肤颜色接近的颜色。

根据脸型选择颜色

① 长脸

为了加长横向视觉效果，可在额头和下巴部位横向画上较长的暗色阴影。

也可在两颊处画上圆润柔和的 gradient effect（渐变效果）。

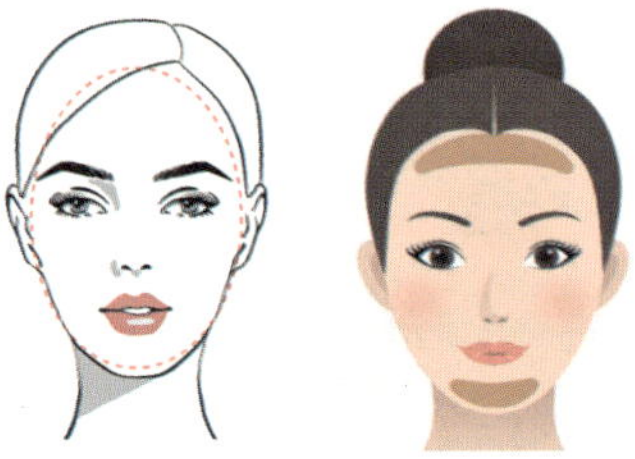

② 圆脸

从耳朵处开始，沿着脸部轮廓自然向下延伸至下巴，并在额头和下颌处使用深色粉底液打造阴影效果。

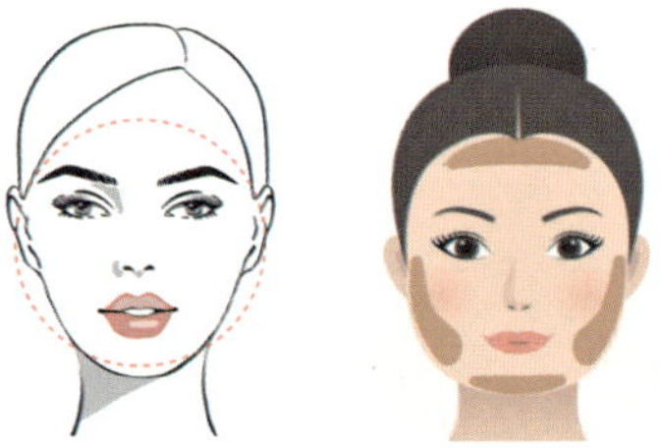

③ 倒三角脸

额头两侧与下巴用深色粉底打阴影。在苹果肌上涂腮红后晕染涂抹效果更佳。

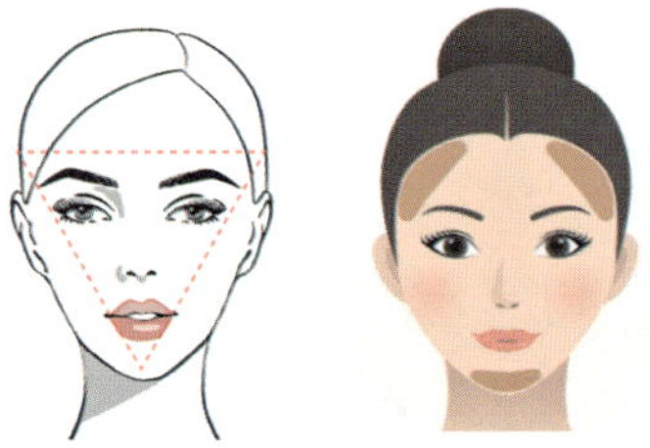

④ 方脸

在面部方形部位用暗色粉底打阴影。在脸颊上稍微涂点腮红，这样会看起来更加柔和。

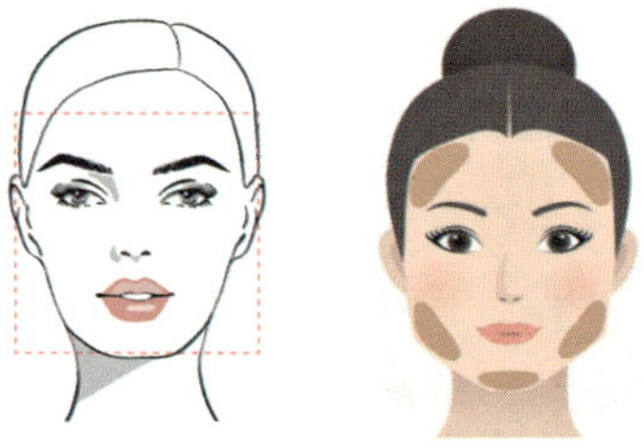

选择散粉颜色

散粉会使肌肤更加美丽、自然，并提高妆容的持久性，因此需要选择适合自己的散粉颜色。

不同颜色散粉的效果

散粉颜色	效果
purple（紫色）	修饰泛黄的肤色，打造光彩照人的肌肤
pink（粉色）	使苍白、白皙的皮肤显得红润
orange（橘色）	为暗沉的皮肤增添健康活力
blue（蓝色）	适合发红的皮肤，是打造白嫩肌肤的有效颜色

客舱乘务员彩妆的好与坏

分类	好	坏
眉毛	选择与发色相同的颜色	露出纹绣后的眉毛
眼影	用公司规定的颜色，展现明亮、光彩照人的形象	显得暗沉的颜色 过度使用珠光
眼线	小心描画不要晕染 下眼线要浅画或不画	烟熏妆
睫毛膏	使用黑色和深棕色	睫毛过长、过厚
腮红	根据脸型，营造有生机、活泼的感觉	过度使用造成结块或晕染
口红	选择与眼妆相协调的颜色 展现有生机、润泽的双唇	只使用唇彩，过于油亮或扩散

2. 补妆 >>>

由于客舱乘务员工作需要长时间飞行，且在客舱服务中走动多、动作幅度较大，容易出汗并分泌油脂，因此需要频繁补妆。

客舱乘务员的妆容对航空公司形象和服务质量影响显著，因此保持专业、干练的妆容以展现职业素养同样重要。

客舱乘务员应随身携带装有基础化妆品的化妆包，以便随时补妆。

去除汗水和油分

用纸巾包裹粉扑或使用吸油纸后再补一层粉。

粉底浮粉时

用清洁纸巾擦拭浮粉的部位，用喷雾或乳液补充水分后再次涂抹粉底即可。

睫毛膏晕妆时

在棉签上蘸上爽肤水、乳液或卸妆液等轻轻擦拭，使用遮瑕膏、粉底或粉饼修整干净。

口红晕妆时

在棉棒上涂上遮瑕膏等，沿着晕开的线条轻轻描画即可清理干净。

使用面部喷雾时

因客舱内干燥而使用面部喷雾时，要用纸巾轻轻按压，这样才能预防面部水分的流失。

预防性产品

在化妆的最后步骤要使用定妆产品或控油产品，这些产品非常有效。

日常管理

通过规律的生活和运动维持身体的活力，在服务工作前后用心管理并提高皮肤保湿力。

SECTION 04

端庄的发型

遵守航空公司内部规定、保持端庄形象，是客舱乘务员需履行的重要职责之一。

1. 基本原则

- 头发要始终保持干净、健康的状态。
- 必须使用吹风机或美发工具打理整齐。
- 应使用美发定型产品固定和保持发型。
- 避免碎发或刘海遮住眼睛。
- 服务过程中不要用手触碰头部。

2. 发色

- 发色宜为黑色系或深褐色系，且需自然。
- 有白头发时要染成符合航空公司规定的颜色。
- 染发后，注意及时补染发根部，使整体发色一致。

3. 发型（男乘务员）

- 要时刻保持端庄、整洁的长度。
- 刘海不能遮住眼睛。
- 两侧头发不能遮住耳朵。
- 后面的头发不要碰到衬衫领子的上端。
- 头发有卷时要使用美发工具打理自然。

4. 发型（女乘务员）

① 短发发型

- 发型不能有波浪卷，发尾要打理得干净整齐。
- 头发的长度要保持不接触肩线，发梢要整齐端庄。
- 如果有波浪卷，需用美发工具将波浪卷拉直，打理整齐。
- 头发不能遮住眼睛，服务时要固定好两侧头发防止滑落。

② 长发发型

- 需盘发。
- 用吹风机将头发和碎发整理好。
- 用细齿梳仔细梳理后扎好。
- 以两耳上线相交的头部中央为基准扎紧。

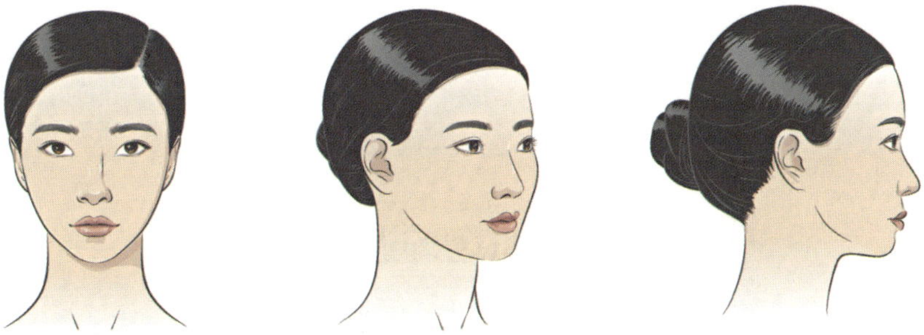

- 在发网的上端插入 U 形夹进行固定。
- 使用 2 个发网，以防碎发脱落。
- 用发网套住头发向左或右转圈，挽成圆形、漂亮的发髻。
- 用美发定型产品整理好碎发。

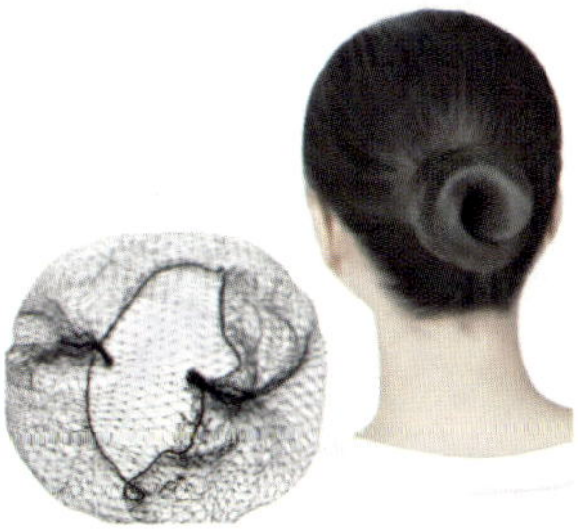

CHAPTER 05

职场沟通

内部顾客的概念从公司层面来看，指的是所有员工；而从个人角度出发，则是指除自己之外的所有同事。虽然我们通常所说的顾客（即外部顾客）满意度非常重要，但在实现这一目标之前，需先确保内部顾客的满意度。只有内部顾客得到满足，才能更有效地提升外部顾客的满意度。换句话说，当职场中合作和互助的成员之间的工作满意度提高时，对外部顾客的服务质量和顾客满意度也会随之提升。因此，重视并管理好内部顾客满意度是至关重要的。

什么是内部顾客和外部顾客?

- 为了建立以顾客为中心的企业文化，企业将顾客分类为内部顾客和外部顾客，并制定相应的服务战略进行管理。

内部顾客简单来说是指公司内的所有员工。从个人角度来看，其他部门的员工、同事以及上司都是为了达成工作成果而需要互动的对象。因此，对待内部顾客应像对待外部顾客一样，注意言行举止，进行有效沟通并表达尊重。

外部顾客是指使用或购买公司服务或产品的个人或企业，通常我们称之为“顾客”。外部顾客是企业发展和成长的关键因素，因此必须尽最大努力满足他们的需求并建立信任。

本章的主题是探讨如何通过职场沟通这一关键要素来满足内部顾客的需求。

学习目标

- 通过理解内部顾客满意的重要性，进而实现外部顾客满意。
- 了解职场沟通的特点及其重要性。
- 通过良好的职场沟通，打造理想的组织文化。
- 通过掌握职场沟通技巧，提升工作能力。

SECTION 01 职场沟通

职场沟通是员工之间交换必要信息、创意和意见的过程，是提高工作效率、促进合作、营造良好工作氛围的关键因素。

1. 职场沟通的定义

职场沟通是指职场中上级与下属之间、同事之间、各部门之间通过各种方式直接或间接进行的交流。其包括简单的问候、对话、电话、报告、会议等多种形式，是利用各种媒介进行组织活动的一系列交流活动。

组织活动

- 组织活动是指公司内部员工共同工作、交换意见、相互合作，以实现共同目标的所有活动。

沟通的核心在于相互理解和尊重。为了实现有效沟通，必须传达明确、简洁的信息，聆听对方的话语，并努力理解所听到的内容。

2. 职场沟通的特点 >>>

职场沟通在对话的目的、形式、使用的词汇和用语、时间限制、上下级关系等方面与日常对话有所不同。理解这些特点是有效沟通的基础。

职场沟通与日常对话的区别

目的	形式	使用的词汇和用语	时间限制	上下级关系

目的

职场沟通的主要目的是顺利开展工作，涉及工作指示、工作进展报告、问题解决、合作请求等内容。而日常对话则主要围绕个人关心的话题，如日常生活故事、家人、朋友、兴趣爱好等。

形式

职场沟通通常采用电子邮件、会议、报告、碰头会等正式形式进行信息传递和意见交流。相比之下，日常对话的形式更为自由，语言选择和表达方式较少受到限制，更多取决于个人倾向或关系。

使用的词汇和用语

在职场沟通中，会使用特定的术语，理解和使用这些专业用语至关重要。而日常对话则使用更为自由和随意的词汇，对话的广度和深度限制较少。

时间限制

职场沟通为了工作效率和共同的目标，需要在规定的时间内迅速传达信息和做出决策，因此快速响应和明确沟通非常重要。而日常对话则通常在充裕的时间内进行，语速和节奏不受限制。

上下级关系

职场沟通存在于组织内部的上下级关系中，上级向下级传达指示或任务，下级则向上级汇报、提出意见或调整工作流程。日常对话则更多在平等关系中进行，尽管彼此角色可能有所不同。

3. 职场沟通的类型和方式 >>>

职场沟通的类型大致可以分为垂直沟通和水平沟通。垂直沟通涉及上下级关系，而水平沟通则是指在同等职位之间的交流。

具体形式包括面对面的直接沟通和通过电子手段进行的非面对面沟通。

职场沟通应以尊重和信任为基础，员工之间建立良好的关系，有助于提高工作效率，营造愉快的工作氛围。

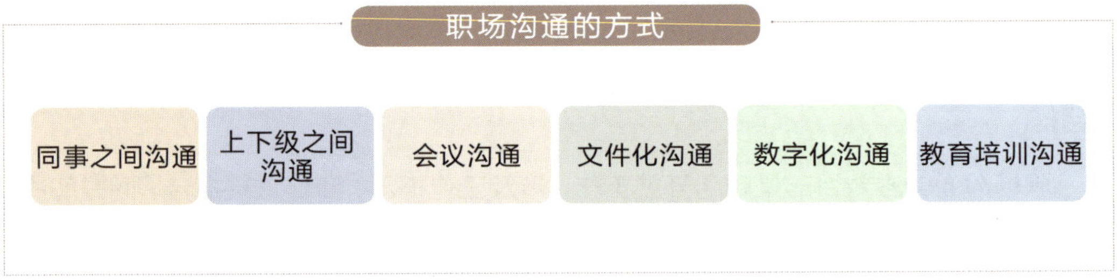

(1) 同事之间沟通。

涉及公司所有员工之间的互动、信息共享及工作对话。

(2) 上下级之间沟通。

涉及工作指导、任务分配、工作进展报告、考核反馈等。

(3) 会议沟通。

以项目开展、问题解决、决策制定等为目的进行的对话，通过发表、讨论、问答等形式交换意见。

(4) 文件化沟通。

通过报告、会议纪要等文件形式传递和共享意见或信息。

(5) 数字化沟通。

通过公司内部系统、电子邮件、聊天工具、视频会议等进行的对话。

(6) 教育培训沟通。

通过教育培训课程传授有效沟通技巧，并将其应用于工作中。

4. 职场沟通的重要性

职场沟通是促进员工合作与和谐、形成理想组织文化的重要因素。

理想的组织文化能增强员工对公司的归属感，维持稳定的职场生活，提高员工的工作满意度，并激励他们为更好的工作成果而努力。

理想的组织文化

相互尊重和信任	开放的沟通	相互合作和鼓励	伦理性和责任感

职场沟通的重要性

通过顺畅的信息共享提高工作效率	有助于制定决策和解决问题	打造理想的组织文化

职场沟通的重要性主要体现在以下 3 个方面。

（1）通过顺畅的信息共享提高工作效率。

职场沟通可以共享工作所需的信息，使传达过程更加顺畅，有效开展工作，减少误解和错误，明确工作日程和优先顺序，减少工作的重复或延迟。

（2）有助于制定决策和解决问题。

通过职场沟通，可以共享和尊重员工的信息和意见，考虑多种观点，制定解决问题的最佳方案。

（3）打造理想的组织文化。

职场沟通可以确认和理解相互之间的意见，缩小意见差距，通过充分的对话减少或消除成见和误会，防止工作上的混乱。

通过这些措施，增强员工之间的共鸣，促进合作，营造相互信赖的氛围，从而塑造理想的组织文化。良好的组织文化有助于鼓舞员工士气、提高工作效率与组织内的工作成果，最终达到顾客满意效果。

5. 职场沟通要素 >>>

要想提高职场沟通的效率，必须理解并遵循以下五大要素。

设定议案

明确需要沟通的议案，并向所有相关方准确传达和共享。

明确表达

使用简洁的语言明确表达自己的想法和意见。

积极听取意见

认真听取和关注与议案相关的利害关系者的意见和感情（非语言表达），以理解对方的态度进行对话。以“换位思考”的心态，站在对方的立场上思考并产生共鸣，对不同的意见持开放并尊重的态度。

换位思考

- 换位思考是指站在对方的立场上思考，这样可以更加理解对方，进而可以更加顺利地沟通，并建立友好的关系。

反馈

沟通交流后，应如实、准确、具体地进行反馈，对于积极的结果应及时传达、落实，否则应根据反馈进行修正和改进。

文件化

将沟通内容的重要信息或决策内容文件化，与所有相关人士共享并保管，日后可以作为依据资料或参考资料使用。文件化沟通为员工明确工作方针和工作流程，使员工能按统一的方向和规范高效工作。

SECTION 02

服务工作中同事之间的沟通

服务工作中，同事之间的良好沟通是促进有效合作、保障工作顺利开展的关键。客舱乘务员团队合作的优化，能为乘客提供更加舒适、愉快的服务，进而提升顾客满意度。此外，在与服务相关部门的业务对接中，也需为实现有效信息共享而用心努力。

顾客满意度的提升会使客舱乘务员对工作产生成就感，这也是维持稳定职场生活的基础。

1. 客舱乘务员之间的沟通礼仪 >>>

客舱乘务员之间的沟通礼仪是工作中与同事顺畅互动合作的必备能力，不仅对高效开展工作、建立同事间信赖有积极作用，还能助力营造良好的工作氛围，进而提高顾客满意度。

客舱乘务员之间的 8 种沟通礼仪

尊重和礼貌	明确的沟通	化解矛盾	表达感谢或歉意
使用敬语	避免使用指示或命令的口吻	注意非语言表达的使用	针对顾客信息的共享

尊重和礼貌

尊重和礼貌是沟通的第一步。乘务员之间的相互尊重和亲切的态度是维持和谐的团队合作、构建积极同事关系的基础。

明确的沟通

建议明确、简洁地传达工作所需信息，并对信息进行相互确认，避免沟通出错。

化解矛盾

因意见或理解差异产生矛盾时，应秉持成熟的态度沟通，就彼此立场充分对话，通过相互谅解、让步协商达成共识，努力化解矛盾。

表达感谢或歉意

在同事给予帮助或配合时应表示感谢，因本人的不足或发生问题时应充分表达歉意。这样会有助于同事之间的沟通，也会改善工作氛围。

使用敬语

工作时要对对方使用正确的称呼、职务和敬语。不能因为是同一届的机组人员或比本人年龄小就使用非敬语称呼，也不能称呼年长的同事为姐姐或哥哥，这样的称呼不具有专业性，应避免使用。

工作时使用非敬语和表述不完整可能会对工作产生负面影响，因此要养成使用敬语的习惯。此外，只有习惯性地使用敬语，才能在接待顾客时郑重、自然地使用敬语。

避免使用指示或命令的口吻

工作时对级别较低的乘务员使用指示或命令的口吻会使工作氛围变得压抑、沉重，降低工作效率，因此要有礼貌地以郑重、诚恳的语气提出要求，如“请…… ”或“您能……吗？”。

注意非语言表达的使用

手势、声音、表情等非语言表达与语言一起被用作主要沟通手段，因此需注意根据情况加以正确使用。

多名客舱乘务员长时间在狭小的空间里工作时，动作和手势是必需的要素，但需避免出现易使对方感到不快的身体接触或手势。

针对顾客信息的共享

客舱内最多可乘坐约 500 名乘客并具有多种国籍和喜好。因此，对于他们提出的特殊要求或事项，应该与同事们进行信息共享，并提供一致的服务。通过共享乘客信息还可提供事前预知服务，由此提高客舱乘务员的可信度和服务质量。

受欢迎的对话技巧 (FAMILY)

friendly | attention | me,too | interest | looking | you're centered

- friendly（友好）▶ 对话时使用亲切柔和的语调。
- attention（注意）▶ 对话时关注对方所说的话，全神贯注。
- me, too（我也是）▶ 对话时随时应和对方所说的话。
- interest（关注）▶ 对话时对对方的话语表示关注和感兴趣。
- looking（目光交流）▶ 与对方对视并交流。
- you're centered（以你为中心）▶ 对话时换位思考。

2. 客舱乘务员之间不恰当的沟通案例 >>>

通过学习工作中的案例，有助于客舱乘务员遵守礼仪。

1. 不恰当的称呼案例

- “我是经常乘坐某某航空公司飞机的乘客，我发现女乘务员们在工作时互称对方为‘哎，那谁’。我认为客舱乘务员应该具有专业性，但这种称呼似乎有失专业性，而且互相用非敬语对话，听着令人感觉不舒服。”

要遵守客舱乘务员之间的基本礼仪，在工作中要使用符合职务及职责的称呼并互相使用敬语。尤其要铭记，在乘客的可视范围内，客舱乘务员的言行和态度都是服务的一部分。

2. 错误的非语言表达案例

- “在飞行过程中，同事在对话时总会有身体触碰，而且在 aisle（通道）上匆匆而过撞到我时什么都没说就走过去了，这让我感到非常不快。”
- “男性同事一边拍着我的肩膀和后背一边说‘辛苦了’，不知为何感觉有些不舒服。”

每个人都有不同的价值观。自己的行为或表达传递给对方时，对方的理解可能与你的本意存在差异，因此要多加注意。特别是身体接触，若并非出于需要帮助或协助等必要情况，就需避免。

无意中做出的手势或身体接触也可能引起他人的不适，因此在狭窄的通道或飞机上的 galley（厨房）发生碰撞时，必须及时道歉或表达歉意以请求谅解。

即使是在不可避免的情况下或无意中发生的接触，异性之间也可能引发意想不到的误会和不悦，因此需要更加注意自己的行为。

3. 同事之间不恰当的对话案例

- “在提供咖啡服务的过程中，前辈在乘客面前说‘那谁啊，咖啡完事了吗？’时让我感到不知所措，甚至觉得是在乘客面前不给我面子。”
- “在电影播放过程中，乘务长叫来 RS（区域女乘务员），以略带施压的口吻说：‘Watch passenger!（去看一下乘客！）’英语里也有敬语，我认为只用单词来下达指示很失礼。”

在工作时，应使用恰当的称呼和敬语，尽量使用完整的句子，避免使用非敬语和命令式话语。即使与下属沟通，也应使用礼貌、郑重的语气进行对话，以营造良好的工作氛围。

QUICK TIPS

- RS(regional stewardess) 是“区域女乘务员”的意思。

由于航班上有不同国籍的乘客，航空公司通常会聘用目的地国家的女乘务员，以便与当地乘客进行顺畅沟通，从而为他们提供更加舒适和满意的服务。例如，哈尔滨—首尔航线会聘用韩国乘务员，以便更好地服务韩国乘客。

SECTION 03

与相关部门的沟通

1. 相关部门 >>>

职场中的相关部门主要指承担关联任务或需协作的其他部门。各部门之间需要相互支持、相互配合，以实现公司的共同目标。

对于自己负责或需要咨询的内容，如果没有相关部门的协助，往往无法顺利解决。因此，与相关部门的互动至关重要。应摒弃“只要‘我’或‘我所在部门’做好就行”的错误意识，积极与相关部门进行有效沟通，以提高工作效率。

相关部门示例

相关部门	工作内容
catering（餐饮服务）部门	沟通是否遗漏搭载客舱内服务用品
教育培训部门	客舱乘务员定期培训日程的咨询

相关部门	工作内容
crew（机组人员）日程部门	客舱乘务员月度日程的咨询
人事部门	客舱乘务员招聘的咨询
检修部门	客舱设备异常的咨询
各机场运送部门	搭乘的咨询
机务部门	客舱清洁的咨询

2. 具体沟通 >>>

与相关部门的沟通是指为了顺利、高效地完成工作，以信息交换、业务协助、业务支援等为目的，通过多种方式与相关部门进行交流。

(1) 沟通渠道。

各航空公司通常都建立了有效的沟通方式，根据具体情况和要求选择合适的沟通渠道，以提高协作效率。

会议及会议室	邮件	通电话	聊天工具	共享文档存储库	项目管理工具

① 会议及会议室

与主要利益相关方召开会议是重要的沟通渠道。可利用会议室开展面对面会议或线上会议。

② 邮件

通过公司内部网络交换文件和意见，是记录重要信息的有效方法。

③ 通电话

在紧急情况或需要迅速回应时，可通过电话与有关部门直接沟通，以实现高效交流。

④ 聊天工具

使用聊天工具，通过文本信息、文件共享、群聊等方式进行沟通。

⑤ 共享文档存储库

将重要文件及资料共享到云存储，便于与其他部门或组员进行合作。

⑥ 项目管理工具

利用项目管理工具管理工作日程、计划、目录、进度等，与其他部门进行协作。

(2) 与相关部门沟通时的注意事项。

请遵守如下规定

- 事先确认负责人的姓名和职位，并使用恰当的称呼。
- 首先问候对方，然后表明自己的所属公司和姓名。
- 简明扼要地说明自己的需求或问题。
- 对于需要采取后续措施的事项，通过协商进行确认。
- 问题解决后，向对方表示感谢。

3. 职场上正确沟通的实践事项 >>>

为在职场上实现高效沟通，需牢记并践行以下简单事项，以提升工作效率、改善职场氛围。

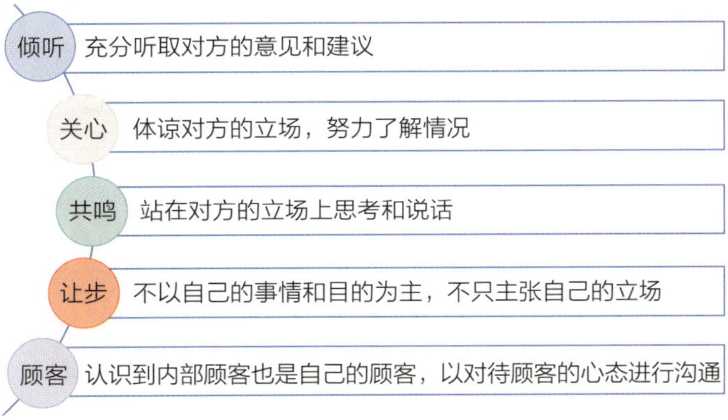

02 PART

SERVICE STANDARDS FOR CABIN CREW

客舱乘务员的服务标准

CHAPTER 06

服务标准姿态

01 鞠躬礼

02 服务的基本姿势

03 接待登机乘客的服务

客舱乘务员在服务乘客时采用标准姿态，是为了在客舱这一有限的空间内，有效提供服务并保持服务质量的一致性，为此制定了一系列标准程序和姿态规范。

考虑到客舱乘务员长时间工作的特点，标准姿态不仅有助于减轻疲劳，还能确保服务过程中保持优雅和亲切的态度，从而自然而然地提升服务质量。

学习目标

- 准确理解客舱乘务员在接待乘客时应遵循的基本服务姿势和原则，深入掌握标准姿态的内涵。
- 熟练运用客舱乘务员接待乘客时的基本标准姿态，为乘客提供礼貌、优雅的服务。

SECTION 01 鞠躬礼

鞠躬礼是向乘客表达欢迎和亲切感的一种方式，能够让乘客感受到客舱乘务员诚挚、自然的问候。初次与乘客见面时，客舱乘务员应以鞠躬礼开启服务，通过和蔼可亲的鞠躬与乘客建立积极互动，这是获得乘客满意的第一步。

鞠躬礼

• 鞠躬礼是人际交往的起点，也是礼仪的基本组成部分。

它体现了对对方的尊重和亲切，是维护和谐社会生活及人际关系的重要元素。因此，为了在现代社会中建立良好的人际关系并提升竞争力，我们应当将积极、恰当的鞠躬礼融入日常生活。

1. 基本原则

行鞠躬礼时应发自内心地尊重对方，因此鞠躬时的言语和姿态都应庄重。客舱乘务员需遵循鞠躬礼的 4 个基本原则，通过正确的鞠躬姿势给乘客留下良好印象。

key point（要点）

STEP 1	STEP 2	STEP3	STEP 4
正确站姿，眼神交流和微笑	停顿，视线看向前方 1 米处	慢起身	正确站姿
语言问候及郑重弯腰	保持 1 秒	眼神交流和微笑	保持眼神交流和微笑

2. 鞠躬礼的种类

行鞠躬礼时，首先要与对方进行眼神交流，以明快的表情进行口头问候，随后采取适当的鞠躬姿态。

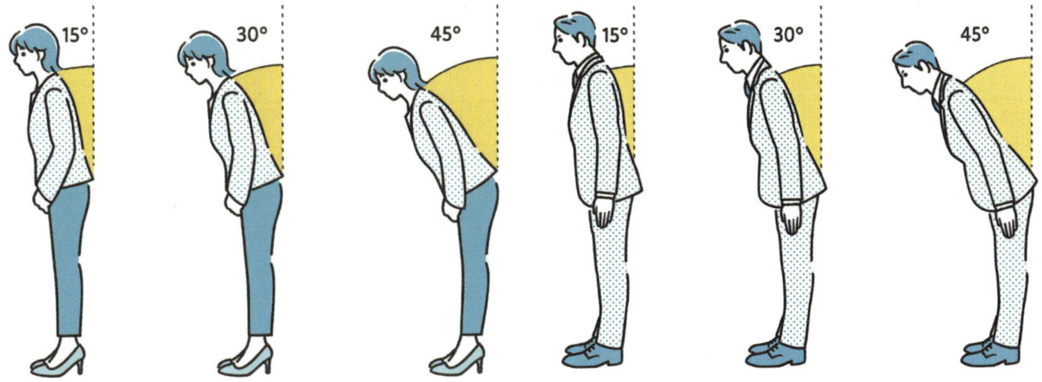

分类	注目礼	普通礼	郑重礼
角度	上身弯曲 15°	上身弯曲 30°	上身弯曲 45°
场合	• 在 aisle（通道）遇见乘客时 • 接待乘客时 • 在狭窄的空间 • 交谈中	• 普通鞠躬礼 • 乘客登机和下机时	• welcome（欢迎）/ farewell（欢送）鞠躬礼 • 表达深深的谢意和歉意时
姿势	肩膀端平，挺直胸背，脚后跟并拢，脚尖展开 30°		
	女性乘务员应将右手置于左手之上，双手轻握置于腹部，采取叉手站姿		
	男性乘务员则应将五指并拢或轻握拳头，双手自然垂于裤缝两侧		

方法	上身弯曲，确保头部、颈部和背部成一直线
	上身弯曲后保持 1 秒，然后缓慢恢复直立
	在站直的状态下，应目视乘客眼睛，面带微笑
重点	保持眼神交流，面带微笑，用明朗的表情和充满活力的声音进行问候

SECTION 02 服务的基本姿势

客舱乘务员必须熟知服务乘客的基本姿势和标准动作，将体贴和尊重融入每一个细节，以提供周到的服务。

1. 蹲姿 »»

蹲姿是在与乘客对话或提供服务时，为了与乘客保持同一视线水平而采取的恭敬姿势，这种姿势能够增加亲切感，促进有效沟通。

场合

预计与乘客对话时间较长、体现personal touch（个人风格）或进行道歉时，客舱乘务员应根据情况判断是否需要采取蹲姿。

要领

① 在乘客前一排或armrest（扶手）旁进行接待或服务。

② 面向乘客的膝盖抬起，另一膝盖轻轻压向地面。

③ 保持上身稳定，避免晃动。

④ 女乘务员将右手叠放在左手上，轻轻按住裙子，穿裤子时将手轻轻放在大腿上。

⑤ 男乘务员双手伸直，轻轻放在大腿上。

⑥ 尽量避免膝盖接触地面。

⑦ 起身时缓慢挺直腰背站起。

蹲姿的效果

- 让乘客感受到被重视和尊重。
- 传递出客舱乘务员接待或服务的真诚和可信赖。
- 便于乘客表达需求，客舱乘务员能迅速响应。

2. 站姿

正确的站姿要求放松肩膀和腰部，挺胸，身体舒展，骨盆微微后倾。头部正直，颈部伸直，下颌微微收起。自然微笑，目光平视前方，膝盖尽量并拢夹紧。

站姿要领

- 下颌微收，目视前方，背部挺直，肩膀展开。
- 脚跟并拢，小腿用力向内侧夹紧。
- 双脚脚尖打开约 30°。
- 女乘务员双手叠放后，右手在上、左手在下，采取自然的叉手站姿。
- 男乘务员双手自然垂于裤缝两侧。
- 从侧面看，耳朵、肩膀中央、膝盖和脚踝保持在一条直线上。
- 在乘客可视范围内，客舱乘务员应避免背手或倚靠座椅、墙壁、餐车、柱子等。

在客舱内工作时的注意事项

- 由于客舱空间有限，行走时应避免发出过大声音。
- 在通道遇到乘客时，应行注目礼，用手势引导方向，并侧身让乘客先行。
- 行走时应左右观察，留意需要帮助或行动不便的乘客，并与乘客进行眼神交流，保持微笑。
- 行走时不得背手或将手插入口袋。
- 除非紧急情况，否则不得奔跑，忙碌时应快速而安静地行走。
- 遇到突发 turbulence(颠簸) 时，飞机可能会晃动，应注意保持身体平衡。

3. 走姿 >>>

走姿反映了一个人的品行。客舱乘务员需提供专业、高水平的服务，因此应坚持练习标准走姿。女性乘务员行走时双膝应轻微摩擦，沿直线行走；男性乘务员则应保持双脚平行，沿直线行走。

正确的走姿

- 挺胸直背，下颌微收，收腹。
- 目光注视乘客或平视前方 10 ～ 15 米处。
- 手部呈空拳状，仿佛握着一个鸡蛋。

- 双臂自然摆动，前摆约 30°，后摆约 15°，不得抱胸。
- 注意不要拖着地走。女性乘务员行走时两腿膝盖轻微摩擦。

在客舱内工作时的注意事项

- 因为客舱内空间狭窄，所以注意走路时不要发出太大的声响。
- 在客舱内通道上遇到顾客时，双脚平放于地面，用双手引导方向，并稍微侧身让乘客先过去。
- 在客舱内通道上走动时，左右观察是否有需要帮助的乘客，是否有身体不便的乘客，并面带微笑与顾客进行 eye contact（眼神交流）慢慢走动。
- 不能背着手走路，也不能把钱包或手揣在口袋里走路。
- 除了紧急情况以外不能跑，忙碌或着急的时候要快步安静地走动。
- 由于突如其来的 turbulence（气流），飞机可能会晃动，所以走路时要注意保持身体平衡。

4. 坐姿 >>>

坐姿应保持背部和颈部挺直，双肩展开，双脚平放于地面。

正确的坐姿

- 上身直立，双肩展开，坐在椅子前 2/3 处。
- 下颌微收，头部微微向上用力。
- 小腿与地面呈 90°，小腿与大腿呈 90°，大腿与上身呈 90°。

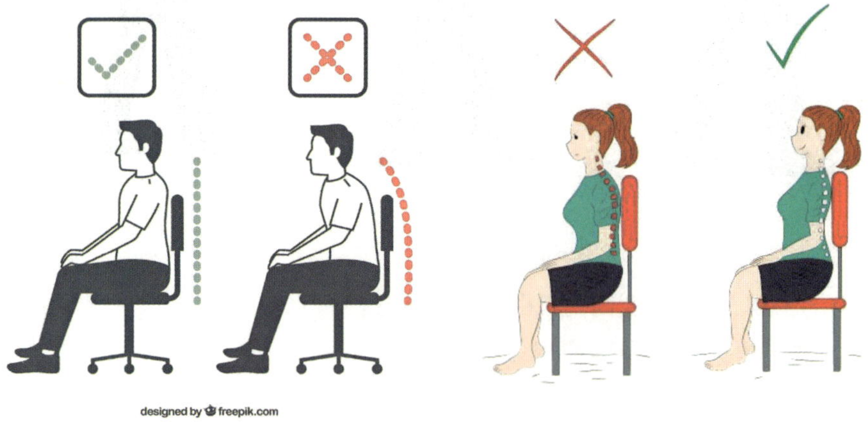

入座的正确方法

女性客舱乘务员

- 将双腿并拢，整齐地靠在一起；选择舒适的一侧脚向前伸出，双腿呈约 15° 的斜线；将双腿再次并拢，整齐摆放。
- 双手叠放，右手在上，自然地放在大腿或膝盖上。

入座的正确方法

男性客舱乘务员

- 双腿分开，与肩同宽，双脚呈 11 字平行摆放。
- 双手伸直或者稍微握拳轻放在大腿上。

乘务员座椅

- 乘务员座椅是乘务员在飞行工作中使用的指定座位。
- 乘务员座椅位于紧急出口附近，以便在起飞、降落等飞行重要阶段发生紧急情况时，乘务员能够迅速有效地应对。
- 平时为了节省紧急出口周围的空间，乘务员座椅会折叠起来。
- 安全检查包括检查安全带状态和安全装备是否正常。安全装备因机型而异，通常包括手电筒、乘务员救生衣、PBE（protective breathing equipment，呼吸防护设备）等。

客舱乘务员在登机后，必须执行客舱安全及安保检查，包括乘务员座椅的检查。

飞行过程中，客舱乘务员坐在座椅上时，应时刻关注乘客和客舱情况，以便迅速应对。

另外，遇到颠簸时，必须及时坐在乘务员座椅上系好安全带和 shoulder harness（安全肩带）。

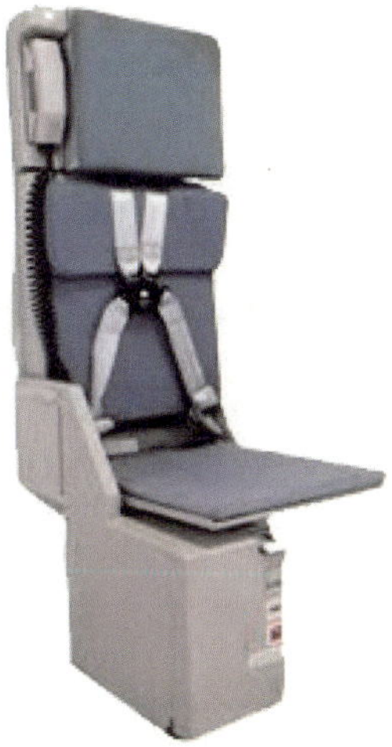

5. 指示方向的姿势 >>>

在飞机上，乘务员经常需要为乘客指示方向，如引导座位、卫生间或厨房。条件允许时，可亲自引导乘客至目的地；条件不允许时，应以庄重、准确的动作进行指引。

指示方向的方法

第一阶段
目光看向乘客的眼睛

第二阶段
目光朝着指示方向

第三阶段
目光重新看向乘客的眼睛

- 指示方向时，目光先看向乘客的眼睛，然后看向所指方向，再次看向乘客的眼睛进行确认。
- 手指并拢，手掌向斜上方倾斜约 15°，指示方向。
- 指示右侧用右手，指示左侧用左手。
- 指示远距离时伸展手臂，指示近距离时轻微伸手。
- 女乘务员：非指示方向的手自然地跟随指示方向的手或自然地放在小腹处。男乘务员：非指示方向的手自然地跟随指示方向的手或自然地放在身体两侧。
- 指示人员时用双手，指示后方时身体也应转向后方。
- 注意不要用一根手指或下巴指示方向。

6. 接受顾客下单时的姿势

为了迅速、准确地响应乘客的要求，应认真倾听并记录。此外，若有关联或适合的其他商品，应主动推荐，这是提升服务质量的基本要求。

正确的姿势

- 位于乘客座位前 45° 位置。
- 站立时双腿并拢，与乘客进行眼神交流，上身微微前倾约 15° 。
- 与乘客长时间对话或道歉时采取蹲姿。
- 接受订单或记录时，应复述乘客需求并逐一记录。
- 尽量使用 small service tray（小号服务托盘）垫着记录，蹲姿时托盘位置应低，避免乘客看到托盘背面。
- 在使用客舱内销售手册时，需手指并拢，掌心向上指向订单内容。
- 接受客舱内销售订单时， 禁止将手放在 cart（餐车）上。

SECTION 03 接待登机乘客的服务

熟练运用鞠躬礼和引位等基本服务姿势，以专业、干练的服务动作提升服务质量。

1. 登机问候及引位的基本动作 >>>

客舱乘务员工作开始后，首先应在登机口欢迎乘客，确认登机牌并进行引位。

登机问候及引导方向

保持微笑和眼神交流 → 正确的站姿 → 用清澈的嗓音欢迎问候 → 确认搭乘航班日期 → 用郑重的姿势指引方向

在登机口和公司规定的 greeting position（迎客位置）等待，采取正确站姿。乘客登机时，应热情欢迎。

在登机口的乘务员应行约 30° 鞠躬礼（普通礼），并以明快的表情进行适当问候。根据登机口情况，也可行注目礼或进行眼神交流。

在通道迎接乘客的乘务员应与乘客进行眼神交流。由于通道狭窄，登机的乘客寻找自己的座位时视线比较分散，并希望快速通过，所以此时行注目礼即可。

问候语示例

- 登机问候语 → “您好，欢迎登机！”
- 确认登机牌并引位 → “请出示您的登机牌。”“为您指引座位。”
- 按照座位号指引方向 → “您的座位在这边，靠近通道。”

2. 确认登机牌时的基本动作 >>>

(1) 要求出示登机牌后微微俯身。

(2) 双手接过登机牌，确认日期、航班号、座位号。

(3) 俯身接过乘客登机牌时，进行欢迎问候或眼神交流。

QUICK TIPS

注：① 尽管登机口空间有限，也应稳重提出要求，避免抢夺登机牌。

② 熟悉登机牌上日期、航班号、座位号的位置，以便高效工作。

准点率

• 准点率指航班按时起飞和到达，无延误或取消的情况。

在航空公司乘客评价中，准点率占重要比重。为提高乘客满意度，航空公司致力于准点率管理。登机时间是影响准点率的关键因素，因此客舱乘务员需高效执行登机工作，确保在规定时间内完成。

3. 引位的基本动作

(1) 五指并拢，掌心向上，指示方向。

(2) 指示右侧用右手，指示左侧用左手，指示远距离时伸展手臂，指示近距离时轻微伸手。

QUICK TIPS

注：① 注意不要用一根手指或下巴指示方向。

② 要熟知相应机型的座位号码或通道位置，以便指示座位方向。

应对拒绝出示登机牌的乘客

- 乘客登机前已多次出示登机牌，可能对再次确认感到不便或不快，应予以理解。
- 应礼貌说明：“为确保客舱安全，需再次确认登机牌，感谢您的配合。”
- 确认登机牌后，感谢乘客配合并引导座位方向。

CHAPTER 07 服务工作中应遵守的标准事项

客舱乘务员需熟练掌握并践行工作中应遵守的标准事项，以确保乘客能够享受舒适愉快的航程。

此外，标准事项有助于保持工作的统一性和协调性，使乘务员之间对工作方式和预期目标达成共识，从而提高工作效率，进而自然而然地提升服务质量。

学习目标

- 了解工作中需遵守的基本内容，并将其应用于实际工作中。
- 掌握接待乘客时的注意事项，并能够恰当应对。
- 熟悉并践行标准化遵守事项，以提高工作效率。

SECTION 01 基本遵守事项

接待乘客时，应站在距离乘客一步之遥的位置，即保持一个既安全又不会引起乘客不适的距离。

乘务员需精通业务知识，能够恰当应对乘客的需求或回答乘客的问题。同时，应熟悉航班的飞行时间、航线、预计到达时间、飞行高度、速度及气温等飞行信息，并在与乘客的交流中自然提及这些内容。

接待乘客时应避免使用专业术语

例：“帮您放在舱顶行李箱里。”应改为“帮您放在座椅上方的架子上。”

例：“今天的主餐是……” 应改为 “今天的餐品是……”

与负责区域的乘客进行简短交流时，应表现出兴趣，避免可能引发 argue（争论）的话题。

若无法满足乘客需求，需礼貌说明原因并提供替代方案。避免在通道、乘务员座椅或厨房与同事闲聊，以免打扰乘客休息；避免与个别乘客进行过长时间的对话。

接待表达不满的乘客时的注意事项如下。

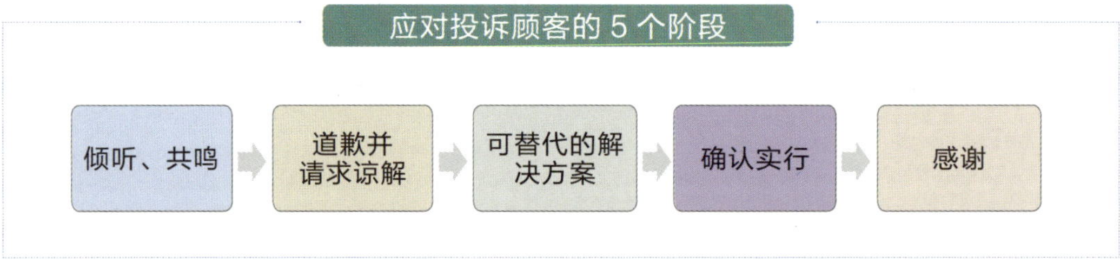

① 倾听、共鸣：全程倾听乘客的不满、建议或抗议，并表达理解。

② 道歉并请求谅解：充分表达歉意，详细说明事件经过并请求谅解。

③ 可替代的解决方案：对乘客的不满提出解决方案，如没有解决方案，应提出替代方案。

④ 确认实行：执行解决方案或替代方案后，确认乘客的反馈。

⑤ 感谢：如果乘客有额外要求，应立即执行，并感谢乘客的谅解，之后持续关注乘客直至飞行结束。

[投诉案例]

男乘客抱怨旁边的婴儿哭声太吵了。请你按照“应对投诉乘客的 5 个阶段”思考一下应对方法。

应对流程		沟通语言 （试着打造个人独特应对投诉案例的说话方式吧）
第 1 阶段	倾听、共鸣	
第 2 阶段	道歉并请求谅解	
第 3 阶段	可替代的解决方案	
第 4 阶段	确认实行	
第 5 阶段	感谢	

SECTION 02 坐乘务员座椅的姿势

(1) 走向乘务员座椅时应轻步行走，避免脚拖地。

(2) 站在距座椅约半步的位置，用一只手抓稳座椅后再打开。

(3) 由于乘务员座椅采用半自动弹簧装置，开合时需注意稳固，以防突然闭合。

(4) 坐乘务员座椅时：

① 避免跷二郎腿或双腿张开。

② 起身时同样需稳固座椅，缓慢站起。

③ 整理安全带时，应整齐地塞入座椅内，避免外露。

SECTION 03 回应 call button（呼叫按钮）的姿势

当呼叫按钮闪烁时，应立即响应并满足该乘客的需求。

为避免遗忘，需记录乘客的 seat number（座位号）及具体需求。在倾听完乘客需求后，应重置呼叫按钮。

- 为何需在倾听完乘客需求后重置呼叫按钮？

乘客按下呼叫按钮是为了向乘务员提出需求，因此首先应倾听乘客的具体需求。若在倾听前重置按钮，可能被误解为匆忙应对。因此，正确的操作是在确认乘客需求后再重置按钮。

SECTION
04
使用 galley（厨房）时的姿势

1. 使用厨房的基本内容 >>>

起飞前需检查厨房设备是否正常运转。

使用器具或烤箱时，注意避免噪声。

除厨房操作外，飞机起降及提供服务时需拉开 galley curtain（厨房门帘）。

为保持食物新鲜和卫生，厨房需始终保持清洁。

乘务员在厨房内交流时，需特别注意控制音量。

2. 开合厨房门帘的姿势 >>>

拉开门帘前，先确认过道的情况。

避免门帘飘动或发出噪声。

抓住门帘前侧上端，缓慢拉开以使噪声最小化，尤其在夜间飞行时需特别注意。

- 为何需抓住门帘前侧上端?

抓住门帘的上端可起到防止门帘飘动的作用，同时还可以减少噪声。

如果乘客面向前方入座，那么拉开后侧时，可能使前方乘客暴露在光线下，因此应从前侧上端操作。

乘务员应始终站在乘客角度思考问题，避免给乘客带来不便。

3. 食品卫生及管理 >>>

厨房需保持清洁卫生。

飞行过程中所有需要保鲜的 meal & beverage（餐饮）均使用 dry ice（干冰）、ice cube（冰块）或冷藏设施进行保鲜。

需要提供热食或冷饮时，为了保持最佳味道，要根据餐饮特性，经过 heating（加热）、warming（保温）或 chilling（冷却）之后再提供。

在为乘客提供 instant food（方便食品）、加工品等之前，必须检查生产日期和有效期。提供餐饮服务前需洗手，直接处理餐饮时需佩戴塑料手套。

干冰

冰块

塑料手套

4.galley equipment（厨房设备）的使用 »»

water boiler（烧水壶） 和 coffee maker（咖啡机）在使用之前需首先进行 air bleeding（放气）。方法是按压热水龙头直至流出无气泡的水为止。

- 为什么要放气？

放气是使用烧水壶和咖啡机前的必要操作。若机器内部有空气，可能导致压力异常或加热效率降低。通过放气，可确保设备处于最佳状态。

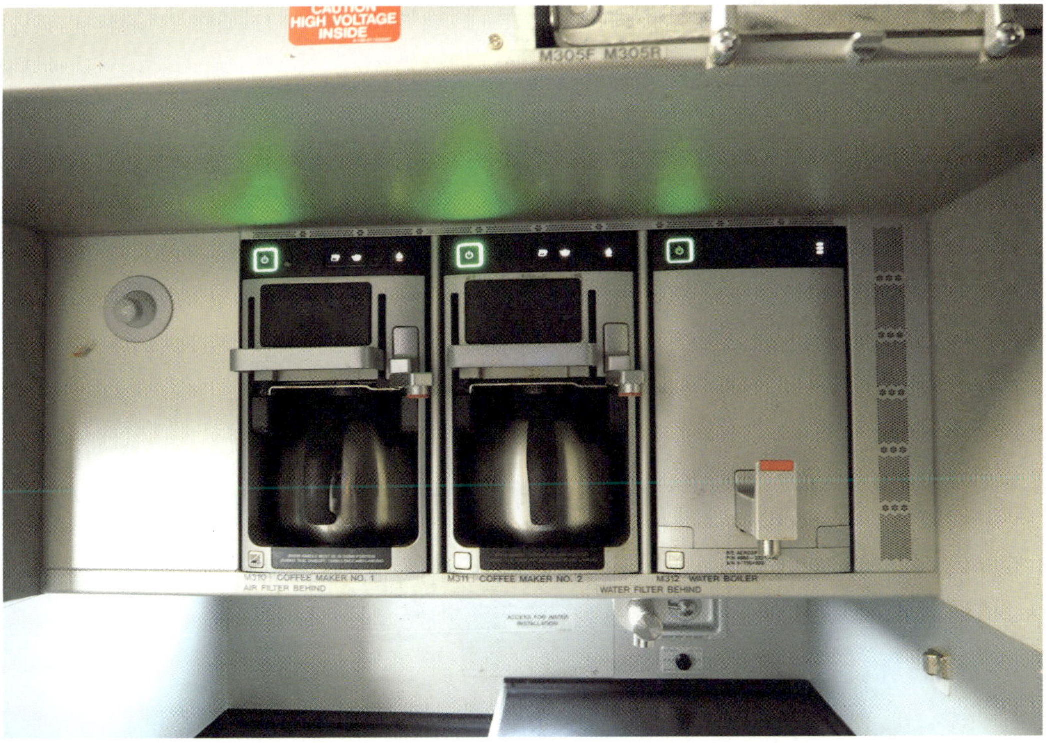

使用 oven（烤箱）和其他设备前，需确认设备内部餐食。飞行中，所有可上锁的设备，如 compartment（隔间）、carrier box（备份箱）、oven（烤箱）、meal & beverage cart（餐车）等，使用后需立即 close & lock（关锁），然后使用 latch（弹簧锁、门闩）进行双重固定。

飞机降落前需将厨房内的所有 power（电源）调至“OFF（关闭）”状态。

5.heating（加热）

所有加热操作均使用烤箱，并参考加热标 准进行操作。

注意加热时间及温度可能因餐食状态或烤箱性能而异。

entree heating（加热餐食）时需完好 covering（覆盖）才能防止水分蒸发，达到均匀加热的效果，因此请注意不要破坏覆盖在餐食容器上的 tin foil（锡纸）。加热后需立即取出餐食并提供给乘客，避免长时间放置于烤箱中。

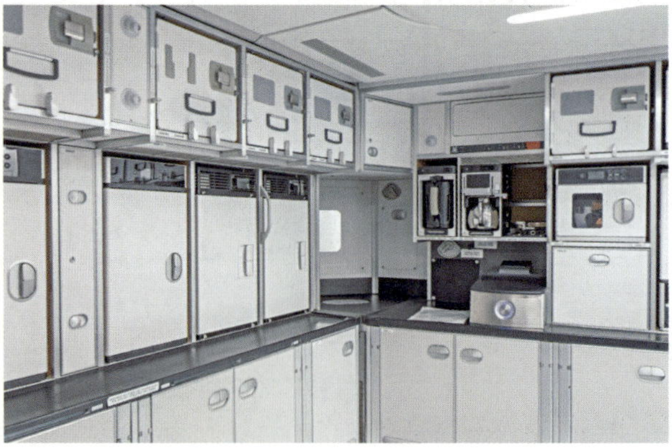

6.chilling（冷却）

(1) mineral water（矿泉水）、juice（果汁）、碳酸饮品及啤酒等需冰镇后提供的饮品，应使用干冰、冰块或冷藏设施进行冷却。

(2) 使用干冰时需注意避免结冰。

(3) 登机前需确认餐饮冷却状态，必要时补充干冰或冰块。

SECTION 05 aisle & seat（通道和座位）

起飞和降落时通道需保持畅通，飞行中亦需保持整洁。

在通道遇到乘客时，需行 15° 鞠躬礼并让乘客先行。

随时整理使用过的杯子及 其 他 服 务 item(用 品)，避免遗留在通道上。

为保持客舱环境舒适，需定期清理通道及周围区域。

乘客登机前，需检查各座位 seat pocket item（椅背置物袋内物品）的整理情况及清洁状态。

飞行中需随时检查乘客座椅周围是否整洁。

SECTION 06 lavatory（卫生间）

从起飞准备至到达目的地，需保持卫生间清洁，确保其始终处于良好状态。

起飞和降落时要确认卫生间内各种compartment（隔间）的关闭状态，并关闭马桶盖。

起飞和降落时要确认卫生间是否有乘客，确认没有乘客后locking（锁上）卫生间。

在cabin walk around（客舱巡视）时需随时检查并整理卫生间。

为满足乘客需求，需持续补充卫生间用品直至到达目的地。

SECTION 07

餐饮服务原则

1. 乘客点餐时的注意事项

熟知当日提供的餐饮内容。

为帮助乘客了解菜单并点餐，需简要说明菜品。若乘客犹豫，应根据菜品特点主动推荐，避免被动态度。

推荐菜单时，避免使用外来语或专业术语，需根据乘客年龄段进行通俗易懂的说明。

对所有乘客一视同仁，礼貌接待。

接受个别点餐时，需携带便条或 order sheet（点餐单），并标注乘客座位号以确保准确服务。

若点餐需较长时间准备，需提前告知乘客。

点餐结束后，确认内容并告知乘客餐食准备好后会立即提供，随后行 15° 鞠躬礼离开。

需乘客等待时，为何需告知准备时间?

- 乘客提出需求后，若等待时间过长，可能感到不安或无聊。提前告知准备时间可让乘客舒适等待。若准备时间超出预期，乘客可能会选择更改需求。因此，告知准备时间是体谅乘客的基本礼仪。

WHY?

2. 提供餐饮 >>>

提供餐饮应遵循的原则

① 对所有乘客提供公平、平等的服务，以礼仪和尊重为基础。

② 优先满足有特殊需求的乘客。

③ 基本服务顺序为从内侧靠窗座位的乘客开始。

④ 带儿童的乘客，优先接受儿童点餐。

⑤ 同排座位有老年乘客时，优先接受老年乘客点餐。

为何从内侧靠窗座位的乘客开始服务?

• 若先服务通道侧乘客，乘务员在为中间及靠窗乘客服务时可能占用通道侧乘客的空间，导致其不便就餐或等待。因此，从靠窗座位的乘客开始服务可确保服务过程中的安全与舒适。

• 回收时顺序相反，先回收通道侧乘客的理由也是如此，只有先回收通道侧乘客用过的 meal tray（餐盘）或杯子，内侧乘客的餐盘或杯子才能够更轻松地回收。

提供餐饮前，需先打开小桌板。征得靠窗乘客同意后，请其自行展开小桌板。

提供餐饮服务时，需与乘客所点内容一致，确保无误。

提供餐饮服务时，需面向乘客，对左边的乘客用左手递送，对右边的乘客用右手递送，但若提供烫或重的物品，可根据具体情况灵活处理。

为何使用与服务方向同侧的手进行服务？

- 使用相反方向的手可能导致胳膊交叉或占用乘客空间，显得不雅。从乘客角度看，使用同侧手服务更为舒适；从客舱乘务员角度看，也更便于操作。

递送餐饮物品时，高度以腰部为宜，避免过低。

服务过程中避免倚靠乘客座椅或与其发生肢体接触。

为何递送物品时高度以腰部为宜？

- 过高或过低的高度可能使乘客感到不便。腰部高度是乘客坐姿时最舒适的位置，同时也是乘务员应对 turbulence（颠簸）时最稳定的姿势。

主餐应放置于乘客正前方，客舱乘务员应避免手接触食物。

提供碳酸饮品或罐装啤酒时，避免在罐上套塑料杯。使用冰块时，要先加冰块再倒入饮品。

所有饮品放置于乘客小桌板右侧，can（罐装饮品）置于杯子左侧。

客舱乘务员在服务过程中应避免摸头或摸鼻子。

为何先加冰块再倒饮品？

- 加入冰块后再倒饮品时，饮品会顺着冰块流入杯中，这样饮品可以更快地冷却。
- 另外，先加冰块后倒饮品可避免液体溅出。

提供啤酒、葡萄酒、威士忌等时需适量，避免过量。

为儿童及身体残疾乘客提供饮品时，仅倒至杯子的二分之一，并告知可续杯，之后需主动询问是否需要续杯。

为何为儿童及身体残疾乘客提供饮品时仅倒至杯子的二分之一？

- 儿童或身体残疾的乘客在客舱内这个特殊空间很难抓稳杯子，为了乘客喝饮品时的安全，先只提供二分之一杯，如果不够再提供续杯服务。

在为乘客提供热饮时，必须朝着通道方向斟倒后再递送。

为何热饮需朝着通道方向斟倒？

- 在乘客面前提供热饮服务时，如果因失误或意想不到的碰撞而洒落，有可能造成烫伤，因此为了乘客及客舱乘务员的安全，倒入饮品时最好在通道稳住身体的重心后再慢慢斟倒。

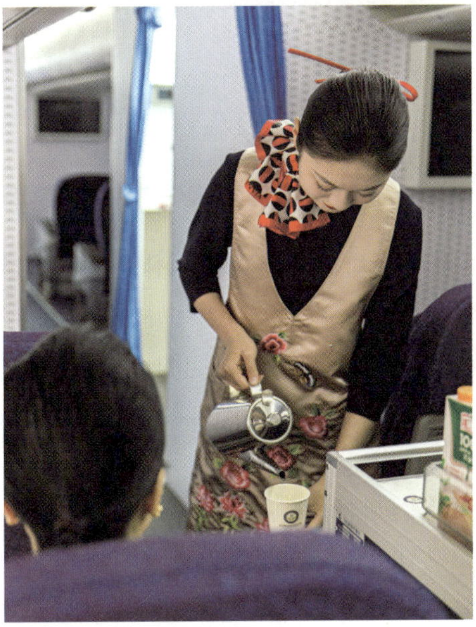

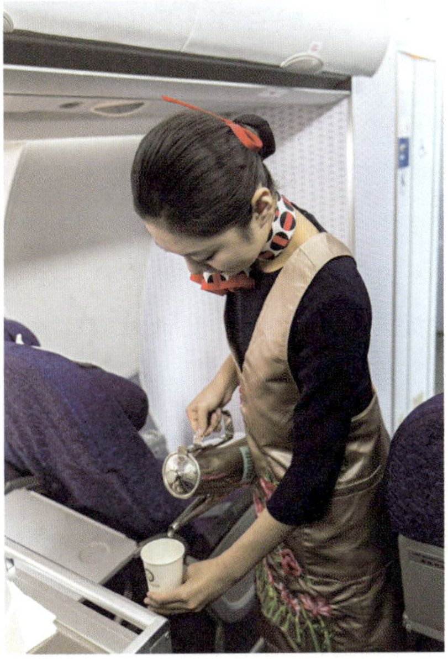

3. 回收餐余 >>>

回收时按照与提供餐饮的相同原则进行，但如果乘客先提出要求，则按照乘客的要求先回收。

应优先回收通道侧乘客的餐余，若靠窗侧的乘客先结束用餐，需先取得通道侧乘客的谅解，再进行回收。

在回收餐余时，可使用礼貌用语如“您用完餐了吗？可以为您收走餐盒吗？”等，在确认乘客用餐完毕并询问是否可回收后，再帮乘客回收餐余，同时可借此确认乘客对餐食的满意度。

使用餐车回收餐盘时，从餐车顶部开始依次放入。

使用餐车回收餐盘时为什么要从餐车的顶部依次放入？

- 由于回收的餐盘上有各种食物、餐具、垃圾等，如果从餐车下端开始放入，很难在上面放入其他餐盘。因此，只有从上端开始，才能更容易整理餐车内的餐盘。

当在没有餐车的情况下回收餐盘时，需一个一个地回收，不叠放回收。为确保安全，餐盘的方向应为纵向，与过道平行。

回收时餐盘的方向为什么要纵向与过道平行？

- 因为客舱内过道非常狭窄，如果横着拿餐盘就会与过道不平行，可能会与乘客发生碰撞甚至会对乘客造成伤害。因此，拿餐盘时要纵向与过道平行。

乘客将餐食物品掉落在地板上时，客舱乘务员应先为乘客提供相同的新物品，再用 napkin（餐巾）、towel（纸巾）或戴一次性塑料手套处理掉落物品，尽量避免徒手操作。

为何避免徒手处理掉落的物品？

- 掉落地面的物品可能不卫生，若用同一只手既提供服务又处理掉落物品，可能引起乘客不适。

(X) 横向拿托盘

(√) 纵向拿托盘

回收时餐盘的方向为什么要纵向与过道平行?

- 因为客舱内过道非常狭窄，如果横着拿餐盘就会与过道不平行，可能会与顾客发生碰撞，甚至还会对顾客造成伤害。因此，餐盘的方向要纵向与过道平行。

4.meal service（餐饮服务）

负责确认餐饮装机情况的乘务员需核对飞机餐清单，确保实际装机数量及种类无误，以保证顺利提供服务。

提前确认特殊餐乘客的座位号，核对姓名及订餐内容。

提供餐饮前需确认温度状态。

提供餐饮时需再次确认与乘客要求的内容一致，避免遗漏或错误给乘客带来不便。

提供餐饮时需说：“小心烫。”“现在就为您准备。”“这是您要的……，请慢用！”

CHAPTER 08

客舱对话的基本原则

客舱对话以提供安全及服务为目的，对帮助乘客体验舒适的旅程起到重要作用。因此，客舱乘务员需要理解客舱对话的基本原则，并将其应用于实际工作中，以确保乘客能够享受到高质量的服务体验。

学习目标

- 认识到客舱对话的意义和重要性，掌握基本的对话礼仪。
- 了解客舱对话的基本原则，学会与乘客进行有效的沟通。

SECTION 01 客舱对话的定义与重要性

客舱对话是指客舱乘务员在飞机客舱内与乘客进行有效沟通的过程。它以普通的接待对话为基础，结合客舱服务的特殊情况，涵盖了与乘客之间的所有语言沟通。

客舱乘务员应以尊重乘客、体谅乘客为基础，通过与乘客的对话准确掌握乘客的need（需求），努力提供更加舒适的服务。

客舱对话的重要性 >>>

(1) 提高服务品质。

客舱乘务员通过与乘客的充分对话收集必要的信息，以便更迅速、准确地提供服务，从而提高客舱服务品质。

(2) 提供安全和便利。

在飞行过程中发生紧急情况时，客舱乘务员可以通过根据标准程序制定的客舱对话，沉着地采取适当的措施。此外，乘客如有特殊要求或制约事项时，也可以通过客舱对话告知。客舱乘务员可采取必要措施，为乘客提供安全和便利。

SECTION 02 客舱对话的种类

客舱乘务员从问候乘客开始，到回答问题、请求帮助、传达引导事项等，所有互动都需通过客舱对话实现有效沟通。客舱对话主要分为以下 6 种。

6 种客舱对话

与安全相关的对话	提供信息的对话	提供服务及应对要求的对话	与航行相关的咨询对话	欢迎及问候的对话	日常性对话

1. 与安全相关的对话 »»

与安全相关的对话是指向乘客介绍紧急出口位置、安全带使用方法、紧急撤离程序等内容的对话。客舱乘务员应通过这种与安全相关的对话，使乘客能够在紧急状况下进行安全应对。

2. 提供信息的对话 »»

提供信息的对话是指向乘客提供从飞机出发至到达所需的所有信息时发生的对话。客舱乘务员需提供出发指南、安全规定指南、高度指南、seat belt sign ON/OFF（座椅安全带佩戴与解除指南）、气流指南、材料填写指南、服务指南、到达指南等符合时间点的信息，为乘客提供舒适的旅行体验。

3. 提供服务及应对要求的对话

提供服务及应对要求的对话是指向乘客提供餐饮、存放物品等服务，或是在乘客提出要求时，以及因需要改善服务事项时发生的对话。客舱乘务员应迅速、准确地满足乘客的需求，以便在飞机上提供最佳服务。

4. 与航行相关的咨询对话

与航行相关的咨询对话是指乘客询问有关航空旅行内容时发生的对话。例如，航班信息、行李处理、登机口、到达剩余时间等与航空旅行相关的各种咨询，客舱乘务员应该能够准确、专业地进行回答。

5. 欢迎及问候的对话

欢迎及问候的对话是指客舱乘务员欢迎并问候乘客的对话。这种对话对营造客舱内的良好氛围起着重要作用。

6. 日常性对话

日常性对话是指为了使客舱乘务员和乘客之间产生亲切感而进行的对话，是与航行无关的日常对话。通过日常性对话可以缓解乘客对航空旅行的紧张感，营造舒适的氛围。此外，得益于与乘客建立的亲切感，在发生紧急情况时，乘客对客舱乘务员的要求或指令会更加信赖。

SECTION 03 客舱对话的基本原则与态度

客舱乘务员在飞机上使用的语言或语气需专业、恭敬，同时应亲切、有礼貌，以确保顺利沟通。通过这种方式，乘客能够感受到舒适和尊重，从而提升服务满意度。

客舱对话的基本原则 >>>

轻声简略表达

用轻柔的声音简洁地进行对话，能够给对方留下专业、可信赖的印象。为避免打扰其他乘客或泄露对话内容，需使用恰当的语音语调和语言。

温柔且自信的语调

为实现顺畅沟通并赢得乘客信赖，对话的技巧是必不可少的。需避免含糊其辞，以明确的表达方式自信地引导对话，同时保持亲切、温柔的语调。

使用缓冲语言

缓冲语言是为了与乘客顺利互动而使用的语言技巧，能够柔和地连接后续话语。根据情况，缓冲语言可分为 4 种类型。

恭敬的语言	“能够理解” “真是难办的情况啊” “有可能会这样” “我也有同感”
积极的语言	“确实是” “当然” “根据您的要求” “马上、立即”
情感支持的语言	“很抱歉” “可以稍等一下吗” “如果可以的话” “如果不失礼的话”
提出解决方案的语言	“我找一下替代方案” “先为您提供一下其他的” “我再确认一下” “还有其他需要吗”

非语言要素

要以尊重乘客的心态，以恭敬、专业的态度进行对话。非语言要素（如表情、姿势和动作、眼神交流、倾听等）是促进沟通的重要因素。客舱乘务员需充分利用这些要素，让乘客感受到尊重和优待。

表情	姿势和动作	eye contact（眼神交流）	倾听

表情

表情源于内心的自然流露，因此客舱乘务员需时刻保持关心和尊重乘客的心态，以恭敬、郑重的态度进行对话。明快的表情和微笑是基本要求，任何情况下都不可用表情宣泄个人情绪。

姿势和动作

保持恭敬的姿势和动作，是客舱乘务员应具备的职业素养，也是基本礼仪要求。客舱乘务员需熟悉公司规定的标准化姿势和动作，平时要多加训练，让身体形成习惯，并在服务中严格执行。

eye contact（眼神交流）

对话时最基本的是眼神交流。眼神交流是专注于倾听乘客话语的首要表现。

如果在对话过程中一直看着对方的眼睛，乘客可能会感到尴尬，有时甚至感到被冒犯，所以最好的状态是自然点头，将视线移开，并加上一些动作。

若同时与多位乘客进行对话，需将视线均匀分配到每位乘客身上。

倾听

倾听是有效对话的基础，客舱乘务员需认真聆听乘客的每一句话，即使内容熟悉也不可中途打断，需等待乘客说完后再回应。

运用“123 说话法”，既能向乘客表达尊重和关心，又能愉快地进行对话。

123 说话法		
如果我说 1 分钟	就要听 2 分钟	附和 3 次以上

SECTION
04 客舱对话要领

使用称呼	使用敬语	使用积极的语言	使用请求式	使用完整句	使用简单用语	调节音量和语速

1. 使用称呼 >>>

正确使用称呼是对乘客的关心和体谅的表现。了解乘客职务时，应按其职务称呼；未了解时，应称呼其“先生”“女士”或“乘客”。即使面对年轻乘客，也需使用尊称。

2. 使用敬语 >>>

正确使用符合语法的敬语是对乘客的尊敬，是优质服务的基础。

(X) 看一下护照。　　(√) 请您出示一下护照。

3. 使用积极的语言 >>>

尽量使用积极的语言代替“没有”“不行”等否定的语言。

积极的语言能够更婉转地表达请求，避免给乘客带来压迫感，从而形成积极的互动关系。

(X) 不行。　　(√)……有些困难，我再了解一下。

(X) 都用完了，没有了。

(√) 这位乘客，很抱歉，您要的……目前都使用完了，您看……可以吗?

4. 使用请求式 >>>

与命令式语言（如“做……吧”）相比，请求式语言（如“您可以……吗？”）更能体现对乘客的尊重。

(X) 请系好安全带。	(√) 为了安全请您系好安全带好吗?
(X) 请稍等。	(√) 请您稍等一下好吗?

5. 使用完整句 >>>

避免使用不完整的句子或含糊不清的表达。完整的句子能够提升对话的可信度，避免显得不自信或不确定。

(X) 请等一下。	(√) 请您稍等一下好吗?
(X) 请等一会。	(√) 稍后会为您进行服务。

6. 使用简单用语 >>>

与乘客对话时，应避免使用航空领域的专业术语。要考虑到乘客的立场，使用乘客容易理解的用语，否则会给人一种不尊重乘客的感觉。

(X) 为您 heating 一下。	(√) 为您加热一下。
(X) 为您 chilling 一下。	(√) 为您冰镇一下。
(X) 乘客，请问您点了 mineral water 吗?	(√) 乘客，请问您点了矿泉水吗?

7. 调节音量和语速 >>>

根据乘客的反应调整音量和语速。客舱内发动机噪声较大，需根据情况适当提高音量，但避免习惯性大声说话或语速过快，以免乘客误解。

SECTION 05 乘客投诉的案例研究

通过研究 VOC（客户之声）案例可以发现，在很多场景下，客舱乘务员的一句话、一个表情，就能直接影响乘客的满意度。即便航班配备了高品质餐食和服务用品，若缺乏乘务员专业、贴心的人力服务支持，乘客也很难感到满意。

> **VOC**
>
> voice of customer（客户之声）是一种可以收集乘客对服务评价或意见的系统。

需要着重强调的是，客舱人力服务始于外在细节，从客舱乘务员的面部表情、肢体姿势、服务动作到言语沟通，每个环节都至关重要。只有秉持尊重乘客、关怀乘客的服务理念，将这份真诚融入每一个服务细节，才能真正为乘客提供优质、贴心的服务体验。

此外，在客舱内提供多种服务时，灵活运用恰当的客舱对话也会对服务质量的提升产生积极影响。因此，客舱乘务员需要熟悉客舱对话的基本原则和要领，并通过多种 case study（个案研究）积累经验，努力提高接待乘客的能力。

大家一起来思考！

Case1

• 和年迈的父亲一起乘坐 ×× 航班。

由于飞机在飞行过程中一直摇晃，seat belt sign（座椅安全带指示灯）始终亮着，父亲一直忍着没去卫生间。后来实在忍不住了，我便陪父亲去了卫生间。就在我们要进入卫生间时，女乘务员对旁边的男乘务员大声喊道："让他们赶紧回到座位上！"我们是罪人吗？如果说"请回到座位上"，我们也能明白什么意思。我很生气，于是叫来男乘务员询问这么无礼表达的原因，结果他只是象征性地说了一声"对不起"就走了。这更令人生气，整个飞行过程我们都气愤难平。

(1) 乘客对客舱乘务员的行为感到气愤的原因是什么?

在执行安全工作期间，客舱乘务员之间采用了不恰当的沟通方式（“让他们赶紧回到座位上！”），特别是在其他乘客的视线与听力范围内，客舱乘务员使用非敬语称呼乘客，这一行为直接引发了两位乘客的强烈不满与愤怒。

(2) 正确应对的 key point（关键点）是什么?

客舱乘务员应始终怀着对乘客的尊敬之心，使用敬语进行沟通，特别是在乘客可视范围内，客舱乘务员之间的对话禁止使用非敬语、暗语等可能给乘客带来不便的语言。

在飞机颠簸的情况下，为了乘客的安全引导乘客入座是必要的，但应时刻站在乘客的立场上考虑，从乘客安全的角度诚恳提出要求，以免乘客感到尴尬或惊慌。

QUICK TIPS

注：在客舱相对封闭狭小的空间内，客舱乘务员之间的对话很容易被乘客听到。

正确对话示例

xxx 乘务员，飞机正在晃动，为了安全请引导那位乘客快速回到自己的座位上。

Case2

• 带着"xxx 航空公司应该不错"的想法登机。

餐饮服务开始许久后，一名客舱乘务员才前来告知："今天为大家准备了 3 种飞机餐，现在只剩下猪肉餐了。"当我向客舱乘务员说明自己不能吃猪肉后，对方仅回应："那我去别的客舱找找看。"得知原本有 3 种餐食却只剩猪肉餐时，我就觉得客舱乘务员是在暗示我只能接受这份餐食，心里很不是滋味。过了一会儿，客舱乘务员端来一份主餐，说道："幸亏其他客舱的乘客愿意换餐，这才拿到了。"这番话让我既尴尬又不满。想到这可能是其他乘客夹过、翻动过的餐食，客舱乘务员还语气轻松地说"幸亏"，实在让人难以接受。如果真的站在乘客角度考虑，又怎么会说出这样的话呢？这种服务体验实在令人不悦。

乘客对客舱乘务员的行为感到不满的原因是什么？

乘客原本就因为无法选择餐食而感到不满，客舱乘务员在提供其他乘客改变选择取消的餐食时，做出了不必要的说明（"幸亏其他客舱的乘客愿意换餐"），从而加重了乘客的不满情绪。

正确应对的 key point（关键点）是什么？

在向对选餐表示不满的乘客提供其他乘客取消的餐食或替代餐食时，应避免进行可能冒犯乘客的不必要说明。客舱乘务员应注意言行，避免招致乘客更加不满的情绪，只有持续表现出关心，才能弥补第一次服务的不足。

☺正确对话示例

• 乘客您好，这是您点的 xxx。很抱歉没能在第一时间为您提供。
• 还有其他需要吗？祝您用餐愉快！

Case3

• 带着"xxx 航空公司应该不错"的想法登机。

虽然这件事已经过去一周，但当时的情景仍历历在目，我决定把它记录下来。那天，我搭乘从济州飞往首尔的航班。在机上提供饮品服务时，我向乘务员提出需求："请来杯可乐。"没想到，乘务员只是机械地重复了一句："可乐？”那语气就像在跟小学生确认需求一样，让我心里很不是滋味。随后，因飞机颠簸，饮品服务暂时中断。等乘务员重新回到客舱继续服务时，我与她目光相对，便说：“请给我来杯水。”她又只是重复道：“水？”接着才为我倒水。我实在无法理解，乘务员怎么能只用“水？”“可乐？”这样简单的回应来对待乘客呢？我已经是大二学生，即便比这位乘务员年轻，可这样的服务态度还是让我感到十分不悦，希望以后出行别再遇到类似情况了。

乘客对客舱乘务员的行为感到不满的原因是什么？

在提供饮品服务时，认为乘客比自己年龄小就不假思索地只使用了简单的词语，使乘客感到不被尊重。

正确应对的 key point（关键点）是什么？

与乘客对话时，无论乘客的年龄大小，都应使用完整的句子进行沟通。只使用简单的词语而不是完整的句子进行对话，是一种不尊重乘客的态度。

正确对话示例

- 好的乘客，马上就为您准备您点的可乐。
- 好的，马上就给您倒水，请稍等。
- 请享用冷饮。

Case4

- 对于经常乘坐 xxx 航空的我来说，还是第一次遇到这种令人不快的事。

餐后我想刷牙，去卫生间时发现排队的人很多。为了不耽误后面乘客的时间，我便在卫生间前的过道上提前刷起了牙。这时，一位男乘务员走过来，一边用手比划着刷牙的动作，一边以教训的口吻严肃地说：“请不要在这里刷牙，这样可能会给其他乘客造成不便，请到卫生间里刷。”这番话让我心里很不是滋味，回程路上一直气得睡不着觉。

乘客对客舱乘务员的行为感到不满的原因是什么？

客舱乘务员在引导乘客在卫生间内刷牙时，像对待孩子一样以不恭敬的态度对待乘客，使用了命令的语气，引起了乘客的不满。

正确应对的 key point（关键点）是什么？

客舱乘务员应首先体谅乘客的立场，在对情况表达共鸣后，使用缓冲语言进行引导。由于使用卫生间的乘客较多，预判会出现时间延迟的情况，因此要充分认识到这一点再回应乘客。此外，在进行引导后，不要忘记对乘客的配合表示感谢。

☺正确对话示例

- 乘客您好，因为使用卫生间的乘客较多，让您久等了。
- 我去帮您看一下有没有排队人少的地方。
- 在卫生间里刷牙会更方便，所以很抱歉请您还是使用卫生间吧。
- 感谢您的配合。

SECTION 06 客舱对话的基础练习

客舱乘务员需要理解基本对话的重要性，并以基本原则为基础，使用正确的对话语言与乘客进行沟通。特别是要练习和体会在客舱对话中使用最多的“基本问候”，达到自然表达的程度。在开展培训和个人练习时，务必将表情、语气、手势与对话内容有机结合，确保在实际服务场景中能够通过协调一致的表达方式，准确传递服务意图与关怀。

基本接待方式 1

- 您好，欢迎光临 / 欢迎登机！
- 您叫我了吗？
- 有什么需要帮助的吗？
- 我给您介绍一下。
- 有需要的话请随时叫我。

基本接待方式 2

- 好的，知道了，马上给您拿来。
- 好的，知道了，请您稍等一下可以吗？
- 好的，知道了，马上帮您打听一下。
- 还有其他需要吗？
- 祝您用餐愉快！

“基本”重要的原因

- “凡事基本最重要”这句话的意思是，如果基础不牢固，就没有发展。

不是因为基础最简单才需要最先学习，而是因为基础最重要，所以需要优先掌握。只有将基本功百分之百内化，并在不同情况下灵活运用，才能实现服务的进一步提升。

CHAPTER 09

客舱实战对话

01 客舱服务流程及 5 个待客用语

02 根据客舱服务流程接待乘客时的对话

03 根据不同案例接待乘客时的对话

04 客舱乘务员应具备的正确沟通姿态

05 客舱对话能力引发的效应

客舱对话是乘务员与乘客沟通的基础，也是航空公司对新入职乘务员开展初期培训时，实战训练的核心内容之一。

作为乘务员与乘客有效沟通的起点，客舱对话不仅能在日常服务中提升客舱服务品质，更是乘务员在紧急状况下应变能力的直观体现。

学习目标

- 客舱乘务员学习不同的客舱服务 procedure（流程）和不同情况下的客舱对话，能够在提供客舱服务时进行以乘客为中心的对话。
- 客舱乘务员能够根据客舱服务 procedure（流程）运用正确的对话方法。
- 客舱乘务员利用客舱对话的基本表达，能够根据不同情况正确接待乘客。

SECTION 01 客舱服务流程及 5 个待客用语

在飞机上，最常用的 5 个待客用语能够起到润滑剂的作用，正确运用这些用语并在对话前后以真诚的表情自然地表达出来，能够有效提升乘客的满意度。

5 个待客用语

- 您好，欢迎光临！
- 有什么可以帮您的吗？
- 谢谢！
- 对不起！
- 您慢走，期待下次光临！

SECTION 02 根据客舱服务流程接待乘客时的对话

1. 乘客登机时的对话 >>>

登机环节是客舱乘务员与乘客首次见面的重要时刻，直接影响着乘客对客舱乘务员的第一印象。因此，客舱乘务员应保持热情明快的表情，用清晰温和的声音、郑重得体的用语、亲切友善的语气，以积极饱满的态度迎接每一位乘客登机。

乘客登机时的对话

欢迎问候

- 您好，欢迎光临 / 登机！
- 早上好！ / 下午好！ / 晚上好！
- 很高兴见到您！
- 请出示登机牌。
- 祝您旅途愉快！

引位

- 请从这边（那边）进去 / 走。
- 您的座位在对面靠窗位置。
- 您的座位是这侧过道的座位。

- 明快的表情
- 恭敬的姿态
- 眼神交流
- 与表情协调的声音
- 保持倾听和积极态度

- 您的座位是 × ×，靠窗位置。
- 您的座位在另一侧的后面。

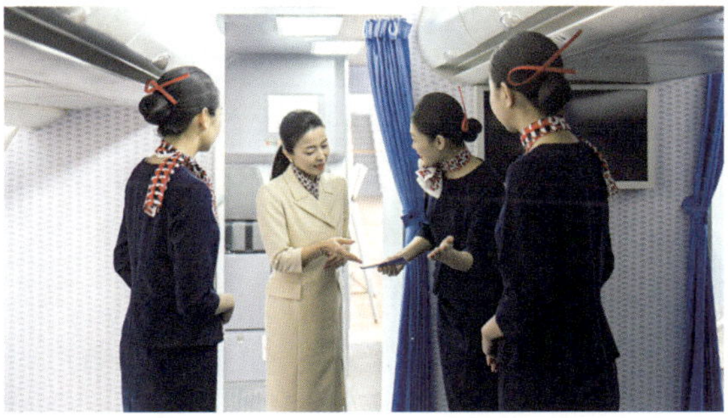

帮助乘客

- 您好，您叫我了吗？有什么可以帮忙的吗？我来为您介绍一下。
- 您如果需要帮助，请随时使用头顶上方的呼叫按钮。
- 请您稍等。我马上帮您查一下。
- 请将您的行李存放在您面前的座椅下方或头顶上方的行李架上。
- 请您稍往里走一点，其他乘务员会带您去的。

2. 引导带幼儿的乘客时的对话 >>>

虽然各航空公司为带幼儿乘客提供服务的范围可能略有不同，但带幼儿的乘客都属于需要特别关注并给予帮助的群体。

特别是当乘客携带体积较大的婴儿车或安全座椅等登机时，乘务员需要介绍适当的存放场所或座椅的安装方法，并迅速、积极地提供登机帮助。

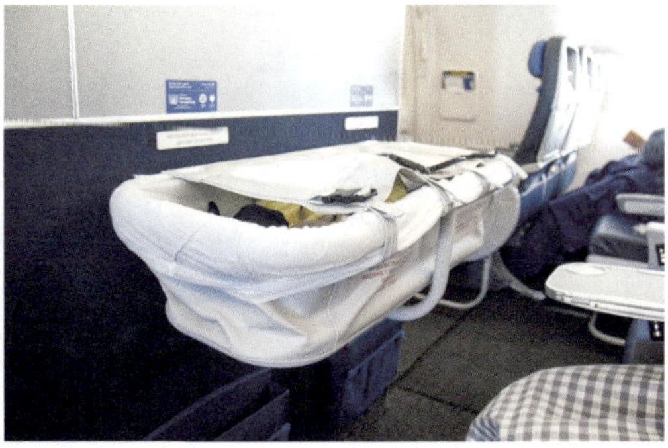

登机时客舱对话

- 您好，欢迎光临 / 登机！
- 我帮您存放婴儿车。飞行中需要使用的物品请您保管好。
- 我带您到座位上。
- 我们准备了婴儿用品，需要的话请您随时告诉我。
- 婴儿车折叠好会放在后面的空间保管，着陆后会给您拿过来。
- 换尿布台在后面的洗手间里。
- 为了保障安全，我们会在起飞后为您安装婴儿床。

3. 关于手提行李的对话 >>>

由于手提行李的安全问题，客舱乘务员需要多次向乘客请求协助。

在与乘客沟通时，应注意避免直接提及规定或以命令口吻对话，而要使用缓冲语言等，让乘客自然地给予协助。

关于手提行李的对话

- 乘客您好，抱歉打扰一下，为了安全请您将酒瓶放在座椅下方保管可以吗？
- 乘客您好，抱歉打扰一下，这个行李看起来又大又沉，不太适合放在行李架上。我看一下有没有其他可以存放的地方。您看放在这里怎么样？
- 谢谢！

4. 准备起飞时的对话 >>>

在飞机准备起飞时，客舱乘务员必须确认包括乘客在内的客舱安全状态是否正常，确认正常后向机长报告“客舱起飞准备完毕”。在进行客舱安全对话时，应注意避免使用命令式或给人以压迫感的语气，而要以温和、礼貌的方式与乘客沟通。

检查乘客安全状态的客舱对话

- 飞机马上就要起飞了，请您系好安全带。
- 为了乘客和您孩子的安全，请您把孩子抱在座椅安全带外面。
- 打扰一下，飞机就要起飞了，请您调直座椅靠背，收起小桌板。
- 请您打开遮光板(如果是一键式调节，需介绍按钮)。

确认紧急出口和通道处行李的客舱对话

- 女士/先生打扰一下，这是您的行李吗？如果没有存放的地方，我帮您在这里存放一下。
- 这里是紧急出口座位，为了在发生紧急情况时能够迅速撤离，需要腾出空间。
- 感谢您的配合！

起飞前卫生间使用的客舱对话

- 女士/先生您好，很抱歉，飞机马上就要起飞了。为了您的安全，请在起飞后安全带指示灯关闭时使用洗手间。
- 起飞后如需帮助，请您按呼叫按钮。
- 请您回到座位上系好安全带。感谢您的配合！

5. 提供餐饮服务时的对话 >>>

在提供餐饮服务时，客舱乘务员应严格遵守 service standard(服务标准)，以规范、高效的操作流程完成服务工作。同时，始终秉持换位思考的理念，用得体周到的语言和态度，为乘客提供优质服务体验。

提供饮品服务时的客舱对话

- 打扰一下，餐车经过，请注意您的膝盖。
- 餐前要喝一杯饮品吗？ 有果汁、碳酸饮品、葡萄酒和啤酒等。
- 好的，知道了。请稍等一下好吗？ / 马上给您拿过来（没有的情况下）。
- 让您久等了。这是您要的果汁，请慢用。

提供餐饮服务时的客舱对话

- 为了用餐方便，我帮您打开小桌板。
- 女士 / 先生您好，现在提供餐饮服务。今天为您准备了牛肉和鸡肉。
- 小心烫。请慢用。
- 很抱歉，为了方便后排乘客用餐，能请您调直座椅靠背吗？
- 您想随餐喝红酒吗？我们准备了红葡萄酒和白葡萄酒。

提供茶水、咖啡服务时的客舱对话

- 您要热的绿茶、红茶或咖啡吗？
- 请把杯子放在托盘上好吗？需要加糖和奶油吗？
- 小心烫。请慢用。

提供回收服务时的客舱对话

- 您用餐结束了吗？用餐愉快吗？我可以先帮您收拾一下吗？
- 用餐结束了的话帮您整理一下。还有其他需要吗？
- 您再来点饮品吗？

6. 发放材料及客舱销售时的对话

客舱乘务员需通过正确介绍目的地所需的 CIQ（出入境检验检疫局）材料，帮助乘客顺利入境；同时，要熟知各国免税商品限额并正确介绍相关内容，以免乘客遭受金钱上的损失。

CIQ

- CIQ 是入境时为完成必要审查而进行的申报程序。

由于不同国家对入境所需材料和申报程序的要求存在差异，客舱乘务员需结合具体航班情况，向乘客进行准确、详细的介绍。

- customs

customs 是指海关，是对乘客超过免税限额的部分进行审核的地方。

- immigration

immigration 是指入境审查，是确认乘客身份和签证的地方。

- quarantine

quarantine 是指检疫，是为了预防疾病或传染病等而进行检查的地方。

分发资料及客舱销售时的客舱对话

- 您的目的地是哪里?
- 这是入境卡和海关申报单。
- 每个家庭填写一张海关申报单即可。
- 请问您的国籍（姓名、职业、住址）是什么?
- 请在这里签名。
- 请您用英文大写字母填写材料。
- 女士 / 先生您好，抱歉请您稍候，销售推车马上就到。
- 女士 / 先生您好，很遗憾，您订购的威士忌售罄了。 您看 xxx 怎么样呢?

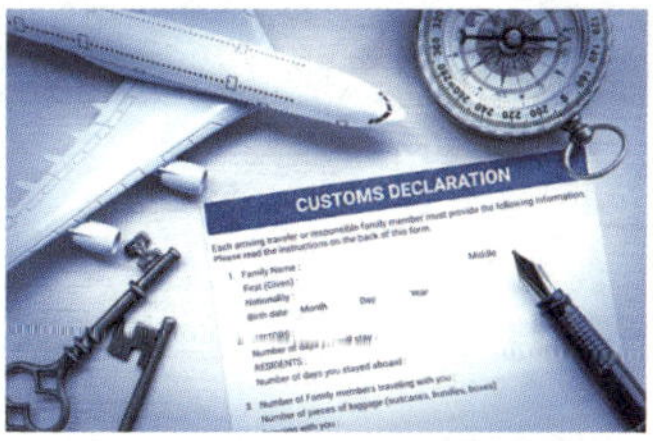

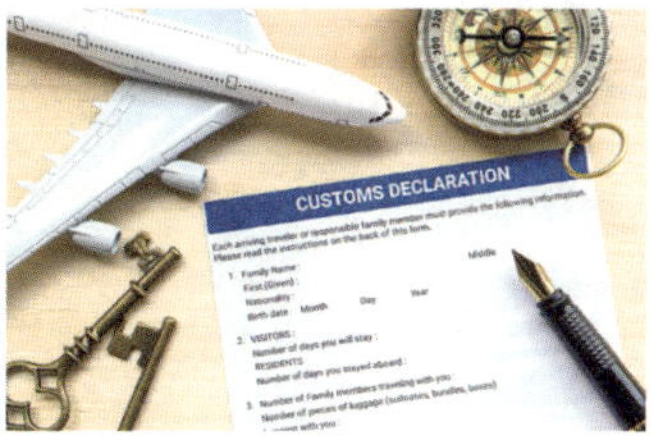

7. 乘客休息时的对话 >>>

为了不妨碍乘客休息，客舱乘务员在厨房内工作时需注意不要发出噪声，开合门帘时也要避免让厨房的光线透出。此外，在通道上走动时需小心，以免撞到乘客。这些看似细微的举动，恰恰体现了不打扰乘客休息的服务意识，同样至关重要。

乘客休息时的对话

- 需要给您提供耳塞或眼罩以便您可以更舒适地休息吗？
- 乘客您好，打扰一下，这里有正在观影的乘客，您方便拉下遮光板吗？

8. 准备降落及下机时的对话 >>>

直至服务结束的最后一刻，客舱乘务员都应始终保持热情明朗的表情与端庄得体的仪容仪表，以郑重且坚定的态度，清晰传达各项安全工作要求。

准备着陆和下机时的客舱对话

- 我们的飞机马上就要降落了。为了您的安全，请系好安全带。
- 为了准备降落，请调直座椅靠背，收起小桌板。
- 为了准备降落，我把前面的行李给您存放在行李架上。
- 请记得拿走起飞时存放在前面的行李。
- 为了保障安全，卫生间将在着陆后飞机完全停稳后重新开启。

准备降落及下机时的客舱对话

- 旅途还愉快吗?
- 我们会引导您下机。
- 在为您引导之前请您在座位上稍等片刻。
- 谢谢，请慢走。
- 期待下次光临，祝您愉快。

SECTION 03 根据不同案例接待乘客时的对话

1. 乘客随身行李案例

案例

- 乘坐了从北京到仁川的 xxx 航空。

我理解当天航班乘客众多，客舱乘务员工作繁忙，但即便如此，也不应忽视对乘客的基本关怀。登机时，一位中年女性独自拖着两大件行李来到我身旁，全程没有任何乘务员主动上前帮忙。起初，这位女士只能吃力地尝试将沉重的行李放到座位上，见她实在艰难，我便主动上前，将其中一件行李搬上了行李架。更令人失望的是，整个过程中，竟无一位乘务员前来引导协助。这样的服务表现，实在让我对 xxx 航班大失所望。

案例发生的原因和客舱实战对话

(1) 案例发生的原因。

客舱乘务员在乘客登机时，没有在通道进行欢迎和引导座位。更糟糕的是，客舱乘务员没有向需要帮助的乘客提供在适当场所保管行李的引导和帮助。

(2) 客舱实战对话。

- 您好，欢迎光临 / 登机！
- 为您介绍一下座位，您的座位是这侧中间的位置。
- 您携带的行李可以存放在座位上方的行李架上或您前面的座椅下方。

随身行李标准

- 随身行李是指乘客携带进入客舱并自行保管的行李，需能够放置在乘客前面的座椅下方或座椅上方的行李架上。
- 随身行李的携带规定会因航空公司、座位等级的差异而有所不同，以普通座位为标准，三边尺寸合计限制在 115 厘米以内。这是因为飞机客舱空间有限，体积过大的行李既没有充足的空间进行妥善存放，也无法存放在乘客座位上方的行李架上，存在安全隐患。

2. 劝导遵守安全规定时令乘客不满的案例

令乘客不满的案例

- 飞机起飞时，客舱乘务员让我关掉手机。

我试图向客舱乘务员解释，自己并未使用手机通讯功能，只是在播放已下载的音乐。然而，客舱乘务员完全不听我的解释，单方面反复要求我关闭手机。无论我如何想进一步沟通，对方都充耳不闻，态度不耐烦且语气烦躁，始终机械地重复着“关掉手机”这一句话，这种沟通方式让我感到极为不悦。

案例发生的原因和客舱实战对话

(1) 案例发生的原因。

在要求乘客遵守安全规定时，客舱乘务员既未对规定进行充分说明，又以命令式口吻和强硬态度沟通，拒绝倾听乘客解释，仅仅为了工作流程的便捷性而处理问题。

(2) 客舱实战对话。

- 乘客您好！飞机马上就要起飞了，请将手机调至飞行模式。
- 虽然会给您带来不便，但为了安全，在起飞和降落时请将手机调至飞行模式。

QUICK TIPS

aircraft(飞行器) 和 airplane(飞机) 的差异

国际民用航空组织 (ICAO) 对在现实生活中经常被混用的 aircraft(飞行器) 和 airplane(飞机) 制定了如下区分标准。

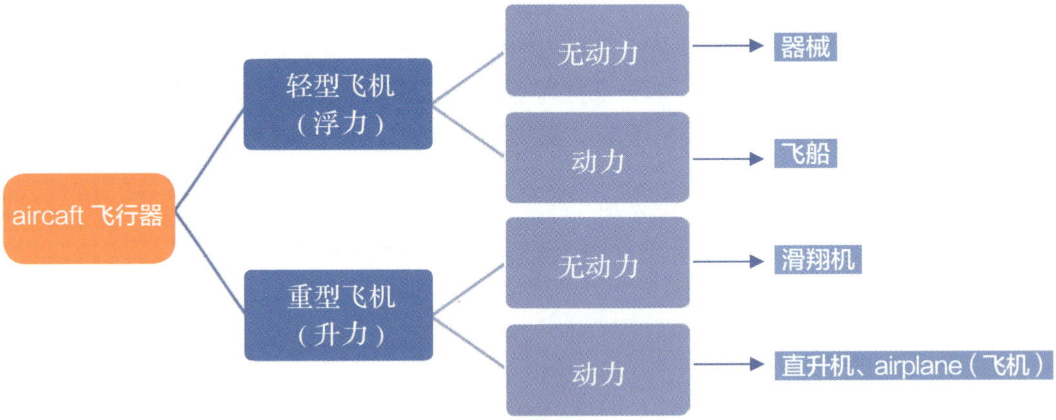

3. skip（跳过、忽略）乘客要求事项的案例 >>>

skip（跳过、忽略）乘客要求事项的案例

• 我是经常乘坐 xxx 航空的乘客，我对此次航程很失望。

飞行途中，我的腰部突然感到不适，正巧负责商务舱的 xxx 乘务员从旁边经过，我便向她索要一个靠枕。她简单回了句“知道了”便离开了，此后再未出现。由于我的座位离商务舱较近，能清楚看到她在为其他乘客服务，途中我们还多次碰面。她究竟是彻底忘了这回事，还是故意装作不知，我不得而知。但这次经历，着实让我对此次航程倍感失望。

案例发生的原因和客舱实战对话

(1) 案例发生的原因。

这是没有立即解决乘客要求的案例，尤其是没有记录乘客的要求，导致未能提供服务。

(2) 客舱实战对话。

- 好的，知道了。马上给您拿靠枕。还有其他需要的吗?
- 请稍等。这是您要的靠枕，请随意使用。

乘客心理

• 乘客希望通过客舱乘务员的即时 reaction（反应）感受到自己被重视。

• 从客舱乘务员的立场来看，乘客有很多，但从乘客的立场来看，希望自己是唯一的关注对象。

• 当乘客提出需求时，客舱乘务员展现出认真倾听的态度，是优质服务的关键所在。通过记录或复述乘客提出的需求，客舱乘务员能够切实传递出对乘客的重视，进而赢得乘客的信任。

4. 对乘客的要求回应不当的案例

对乘客的要求回应不当的案例

• 我是上周一搭乘纽约航班的乘客，乘务员不耐烦的态度让我大吃一惊。

我之所以选择支付更高的票价乘坐 xxx 航空，正是因为其向来有着良好的服务口碑。然而这次飞行却让人大跌眼镜：用餐前，我不慎将叉子掉落在地，便向乘务员索要新的叉子。对方不仅语气生硬地回应“没有叉子啊！”，还露出一副满不在乎的表情。我追问“那怎么吃饭？”，她才满脸不耐烦地拿来叉子。后来，因需要填写入境材料，我又向她借笔，结果再次遭到不耐烦的回应：“没有笔啊！”直到我无奈地看向她，她才不情不愿地去取笔。这就是 xxx 航空引以为傲的服务水准？如此敷衍的态度实在令人无语，这次经历也让我失望透顶。

案例发生的原因和客舱实战对话

(1) 案例发生的原因。

当乘客提出要求时，客舱乘务员缺乏积极、亲切的态度。在没有乘客想要的物品或无法提供的情况下，既没有郑重说明理由，也没有提出替代方案引导乘客接受，从而引发了乘客的不满。

(2) 客舱实战对话。

- 乘客请您稍等。
- 我马上拿来叉子或其他餐具让您用餐。
- 对不起，我现在没有笔。
- 您稍等，我马上给您拿。
- 让您久等了，给您笔。

5. 未服务好带小孩乘客的案例 >>>

未服务好带小孩乘客的案例

- 乘飞机开启了一次久违的家庭旅行。

飞机起飞后不久，客舱乘务员便以孩子吵闹为由，要求我们保持安静。我理解在公共场合应尽量避免打扰他人，但事实上，15个月大的孩子只是在轻轻哼唧，并未哭闹。面对这种情况，客舱乘务员既没有耐心安抚，也未采取任何服务措施，只是一味强硬地要求孩子立刻安静下来。这样简单粗暴的处理方式，着实让我感到十分不适。

案例发生的原因和客舱实战对话

(1) 案例发生的原因。

这是因为客舱乘务员在服务过程中，未能充分体谅带小孩乘客的实际难处，不仅让乘客陷入尴尬境地，还未主动询问幼儿需求、提供必要帮助，最终引发了乘客的不满情绪。

(2) 客舱实战对话。

- 孩子哪里不舒服吗？
- 飞机起降时，由于气压差，孩子可能会因为耳朵不舒服而哭泣。
- 因为座位空间较窄，孩子可能会感到不方便。
- 我想帮助您，请问能为您做些什么呢?
- 不果不介意的话，您可以和孩子一起去后面（前面）。

6. 对乘客要求保管衣物时应对不当的案例

对乘客要求保管衣物时应对不当的案例

• 不知道是不是因为我坐的是经济舱，当我要求乘务员帮忙挂上外套时，乘务员回答说没有收纳空间，直接将外套放在了行李架上。

要是那个行李架能放衣服，我肯定自己动手了。我知道衣物保管服务通常只在商务舱提供，但这种基础服务，经济舱也理应配备。可现实是，我的外套被随意塞进行李架后，一件超大的行李直接压了上去。当时急着下飞机，我没时间投诉，但这件事一直让我心里很憋屈。

案例发生的原因和客舱实战对话

(1) 案例发生的原因。

在乘客要求保管衣物时，客舱乘务员没有说明经济舱不提供衣物保管服务，也没有寻求乘客的谅解。此外，客舱乘务员没有引导乘客亲自将衣物放在行李架上，也没有确认行李架上是否有适当的存放空间。

(2) 客舱实战对话。

- 乘客很抱歉，这里没有单独存放衣物的空间。
- 我先帮您确认一下行李架上是否有合适的空间，再帮您存放可以吗?
- (将大衣放在行李架上后)我把您的大衣存放在座椅上方的行李架上了。
- 稍后登机乘客的行李可能会把您的大衣弄皱。
- 请您在飞行过程中再次确认大衣是否妥善保管好了。
- 感谢您的理解。

7. 应对客舱吵闹、喧哗时未妥善处理的案例

应对客舱吵闹、喧哗时未妥善处理的案例

• 从美洲出发的航班上，在超过 12 个小时的飞行过程中，坐在后排的两名乘客大声说笑，给其他乘客带来了很大的不便。

然而，最令我气愤的是，全程竟无一位乘务员出面制止那些持续大声喧哗数小时的乘客。在长达 12 个小时的航程里，除去他们睡觉的时间，我被迫忍受着从后排传来的噪声，时长超过一半，足足有 6 ~ 7 个小时。直到飞机降落前 2 小时，实在不堪其扰的我，不得不直接向他们提出强烈抗议。我不禁想问，乘务员们难道完全不在意乘客的感受吗?

案例发生的原因和客舱实战对话

(1) 案例发生的原因。

在客舱内有喧哗、吵闹声时，客舱乘务员未对其进行任何引导，导致周围的乘客无法安心休息。由于客舱乘务员未在客舱 walk around（巡视）并观察是否有妨碍乘客休息的情况，因而引发了乘客的不满。

(2) 客舱实战对话。

- 这位女士 / 先生打扰一下，周围乘客正在休息，能请您小点声吗?
- 感谢您的配合!

Heinrich(海因里希) 法则

- 海因里希法则是指在某一较大事故发生之前，会发生 29 起轻微事故以及 300 起未导致伤害事故的统计法则。这一法则不仅适用于工伤现场，也适用于航空安全管理。

乘客在提出不满之前，会期待客舱乘务员先关注并解决问题。如果乘务员未能达到乘客的预期，就会引发不满。

当一些乘客长时间大声交谈时，尽管数小时内有多名乘务员多次巡视，但无人问津，这无异于未对 300 起未导致伤害事故、29 起轻微事故进行处理，最终导致 1 起较大事故的发生。

8. 提供餐食服务时言语不当的案例 >>>

提供餐食服务时言语不当的案例

- 起飞后提供飞机餐时，乘务员问我选择牛肉还是鸡肉，我选了牛肉。

结果乘务员却斩钉截铁地说：“没有牛肉了！”如果是这样，为什么一开始要给我选项呢？真令人郁闷。

案例发生的原因和客舱实战对话

(1) 案例发生的原因。

在向乘客提供两种餐食选项时，实际上只剩下一种，但客舱乘务员并未向乘客坦率说明这一情况以取得谅解，从而导致乘客不满。

(2) 客舱实战对话。

- 乘客您好，今天我们准备了牛肉和鸡肉。
- 因为牛肉很受欢迎，所以在前排已经发放完了。
- 很抱歉，您看鸡肉可以吗？
- 谢谢，您慢用！

分时段供应的飞机餐种类

- 飞机餐的菜单内容会因航班出发时间和飞行时长的不同而有所差异。（各航空公司稍有不同）

- breakfast（早餐）03:00 ~ 09:00
- brunch（早午餐）09:00 ~ 11:00
- lunch（午餐）11:00 ~ 14:00
- snack（快餐）14:00 ~ 18:00
- dinner（晚餐）18:00 ~ 21:00
- supper（夜宵）21:00 ~ 24:00

9. 提供饮品服务时言语不当的案例

提供饮品服务时言语不当的案例

- 飞机起飞后不久，乘务员从机舱前部开始依次提供饮品服务。

当服务即将轮到我时，我与乘务员目光交汇，便礼貌地说：“麻烦也给我来一杯。”没想到，乘务员却冷冰冰地回应：“按顺序！”那语气仿佛我故意插队违反规则，这突如其来的指责，让我瞬间尴尬不已，羞愧难当。

案例发生的原因和客舱实战对话

(1) 案例发生的原因。

即使不是提供相关服务的时间，但在乘客提出要求时，客舱乘务员也应首先取得乘客的谅解，采用体谅乘客的态度。然而，该案例中的客舱乘务员并未将乘客放在首位，而是根据自身的便利决定了服务顺序。此外，其在接待乘客时使用了命令语气，对话语气不尊重，因而引发了乘客的不满。

(2) 客舱实战对话。

- 好的，请您稍等一下，马上为您准备饮品。
- 谢谢您的等待。里侧的乘客也来一杯饮品吗?
- 请慢用!

客舱饮品种类[non-alcoholic beverages(无酒精饮品)]

• 作为航空服务类专业的学生，了解飞机上提供给乘客的非酒精饮品的种类非常重要，如果有想追加的饮品，可以通过航空公司网站提出建议。这样，在进入航空公司前，有助于书写具有竞争力的自我介绍。

• 清凉饮品（碳酸饮品）：

coke（可乐）、sprite（雪碧）、ginger ale（姜味汽水）、tonic water（汤力水）、soda water（苏打水）。

• 果汁类：

orange（橙汁）、pineapple（菠萝汁）、grape（葡萄汁）、apple（苹果汁），mango（芒果汁）、lemon（柠檬汁）等。

• 咖啡和茶水：

红茶、绿茶、decaffeinated coffee（无咖啡因咖啡）、regular coffee（普通咖啡）等。

• 牛奶：

低脂牛奶、灭菌牛奶、杀菌牛奶。

10. 处理饮食中发现异物问题时处理不当的案例

处理饮食中发现异物问题时处理不当的案例

- 用餐时，在餐食中发现了头发。

那一刻的不悦如鲠在喉，甚至让我对之前饮用过的饮品都心生疑虑。我叫来乘务员说明情况，对方却只是机械地重复着“对不起”，既没有解释也没有解决方案，这敷衍的态度让我满心无奈。直到一位在前方服务、看起来经验丰富的乘务员主动为我更换了一份拌饭，但即便如此，这次糟糕的体验仍让我心绪难平。

案例发生的原因和客舱实战对话

(1) 案例发生的原因。

在餐食中发现异物时，客舱乘务员既没有充分道歉，也没有推荐可替代的餐食，更没有对后续措施进行说明，从而引发了乘客的不满。

(2) 客舱实战对话。

- 乘客您好，非常抱歉。
- 马上给您换一份，请您稍等一下好吗?
- （重新提供之后）这份可以吗?
- 非常抱歉给您带来了不便。
- 为了以后不再发生类似事情， 我会和负责部门一起进行认真检查。
- 感谢您的理解!

卫生和乘客安全

- 卫生相关问题的出现直接关系到乘客的安全。因此，为了赢得乘客的信任，首先要明确对相应问题采取措施。

为了找出产生异物的确切原因，并制定防止再次发生的对策，应将出现问题的餐食按照原样送往飞机餐生产企业。

公司应接收飞机餐生产企业的调查结果报告，必要时还应告知乘客。

11 . 对按 call button（呼叫按钮）的乘客服务不当的案例>>>

对按 call button（呼叫按钮）的乘客服务不当的案例

- 我想要一杯水，于是按了呼叫按钮。其实因为头痛还想要点止痛药。

过了一会儿，乘务员走了过来。我刚说出一个“水”字，她便重置了呼叫按钮，转身匆匆离去，动作之迅速，仿佛一阵凉风掠过。也不知她究竟在忙些什么，这般敷衍的态度，着实让人无奈。

案例发生的原因和客舱实战对话

(1) 案例发生的原因。

客舱乘务员没有听完乘客的话，也没有对提出的要求再次进行确认，导致接待乘客失败。

(2) 客舱实战对话。

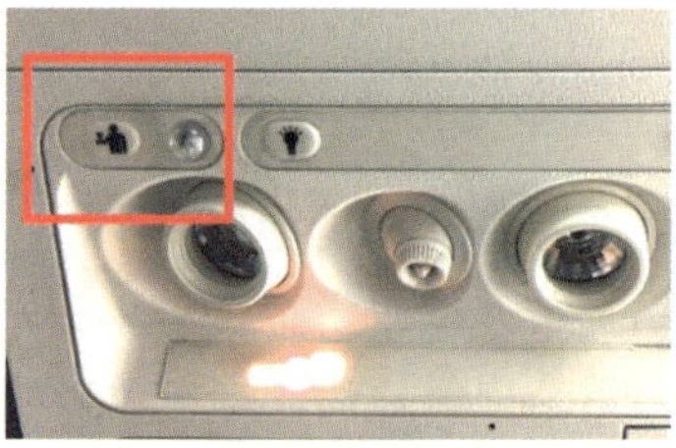

- 乘客您好，有什么需要的吗?
- 您要的水马上给您拿来。还有其他需要吗?
- 有 xxx 止痛药，您对该药有副作用吗?
- 马上把水和药给您拿来（乘务员重置呼叫按钮）。
- 请稍等。

12. 销售免税商品时处理不当的案例

销售免税商品时处理不当的案例

• 从日本旅行返程途中，我和父母为购买免税商品，向乘务员订购了心仪的化妆品。

我们满心期待地等了许久，结果乘务员只是冷淡地丢下一句“没货了”，语气生硬且毫无歉意，说完便转身离开。原本为期 4 天 3 夜的旅程十分愉快，却在归途遭遇这样的事情，我和父母满心失望，心情也一落千丈。

案例发生的原因和客舱实战对话

(1) 案例发生的原因。

在没有乘客想要的商品时，客舱乘务员没有考虑到乘客的不便，也没有仔细说明情况，更没有与乘客产生共鸣或介绍可替代的产品，从而引发了乘客的不满。

(2) 客舱实战对话。

- 您好，很抱歉，您要的 xxx 产品已经售罄了。
- 您看与 xxx 相似的 xxx 产品如何呢?
- 与您要的产品成分相同，最近很流行，价格也差不多。
- 下次旅行时如有想购买的产品，请使用免税商品的预售服务。

家人之间的免税限额可以合算吗?

• 不同国家的个人免税限额存在差异，出行前务必提前确认清楚。特别需要注意的是，家人之间的免税限额不能合并计算。

例如，假设一人免税限额为 600 美元，在 2 人家庭的旅行中，如果将免税限额合算为 1 200 美元并购买了 900 美元的包，就会产生问题。
在这种情况下，按照一人免税限额标准，会对超过 600 美元的 300 美元征税。

13. 发放海关申报单时处理不当的案例 >>>

发放海关申报单时处理不当的案例

- 和韩国朋友一起回中国，乘务员在发放海关申报单时没有确认我们的国籍，就直接给了我们两张中文版的。

当我叫来乘务员时，她直接拿走了两份中文版的海关申报单，换了两张英文版的。我告诉乘务员我是中国人，结果她连句“对不起”都没说就又拿走了。

案例发生的原因和客舱实战对话

(1) 案例发生的原因。

在发放入境材料过程中，客舱乘务员既未对材料填写要求做出清晰说明，也未就解释不到位表达歉意，态度十分冷漠。不仅如此，客舱乘务员在未询问乘客需求的情况下，擅自决定海关申报单的语言版本，这种缺乏沟通的服务方式，最终引发了乘客的不满。

(2) 客舱实战对话。

- 乘客您好，这是入境材料。
- 您旁边的乘客是外国人吗?
- 那您只需填写海关申报单，您的朋友需要填写英文版的入境卡和海关申报单。
- 这是所需的材料。如需帮助，请随时叫我。

在海关申报单上签名确认相关责任

- 发放入境材料时，可能会有需要协助填写的情况。

此时客舱乘务员应根据相关乘客的要求帮助填写文件，但注意在最后的签名栏上一定要由乘客亲自签名。

如果客舱乘务员代替乘客签名，对可能发生的与文件相关问题的责任将变得不明确，并可能引起不必要的麻烦。

14. 应对客舱设备故障时处理不当的案例 >>>

应对客舱设备故障时处理不当的案例

- 虽然飞行时间很短，但对我来说是可以整理、思考、读书的宝贵时间。

我打开阅读灯准备看书，却发现灯完全不亮。于是，我拦住了路过的客舱乘务员反映情况，对方只是简单甩下一句“飞机的毛病”就不再理会。这敷衍的回应，让我不禁对该航空公司的飞机维护与检修工作产生质疑。虽然我明白飞行途中可能存在突发状况，但长时间在昏暗环境下阅读带来的不便，实在让人难以释怀，越想越觉得窝火。

案例发生的原因和客舱实战对话

(1) 案例发生的原因。

对于机内设备故障的询问，客舱乘务员没有进行充分说明并积极应对，不仅没有给出相应的解决方案，也没有持续观察是否有其他不便事项，从而引发了乘客的不满。

(2) 客舱实战对话。

- 乘客您好，我能确认一下吗?
- 经确认，个人阅读灯无法正常使用。
- 很抱歉给您造成不便。
- (如果有空位)我确认一下是否有空位。
- 后面中间有空位，不介意的话带您去那边可以吗?

PSU(Passenger Service Unit，乘客服务组件）

• 作为设置在乘客座位及头顶上方的服务组件，PSU 是为了在飞行中方便乘客使用而提供的。不同机型的 PSU 可能稍有差异。

- reading light（阅读灯）
- call button（呼叫按钮）
- oxygen system（供氧系统）
- air outlet（空调风向调节器）

PSU（乘客服务组件）

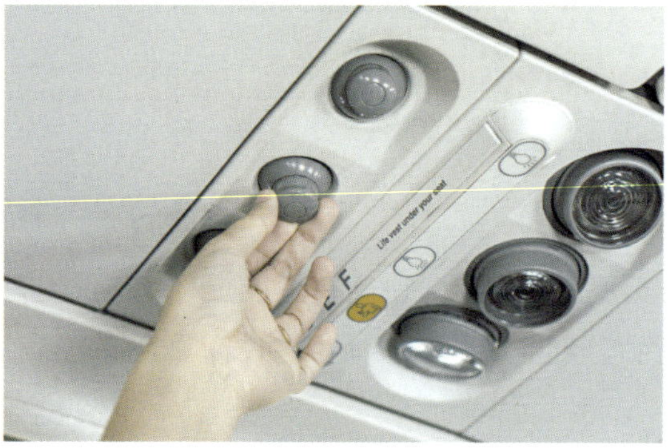

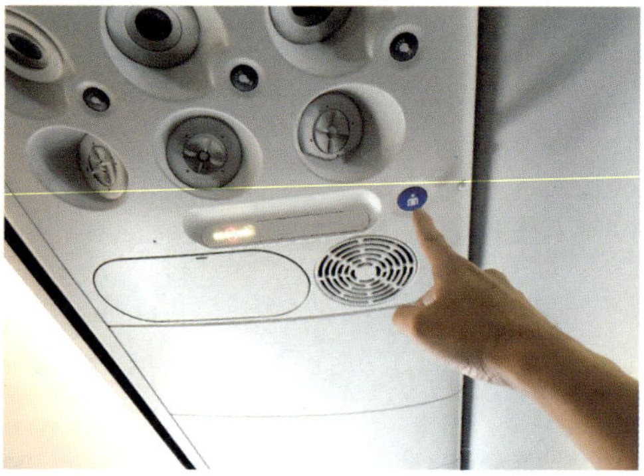

SECTION 04

客舱乘务员应具备的正确沟通姿态

正确的客舱对话是指站在乘客的立场上思考并以乘客为中心的对话。客舱乘务员应时刻重视乘客的立场，倾听乘客的话语并表达共鸣。此外，与乘客的对话也是服务的重要组成部分，因此客舱乘务员应通过恰当的对话来接待乘客，并不断努力学习和积累经验。每次说话之前，客舱乘务员应思考自己所说的话在乘客听来是否得体，这有助于进行正确的客舱对话。

客舱乘务员应具备的 3 种“耳朵”

- 倾听乘客话语的“耳朵”
- 倾听乘客非语言表达的“耳朵”
- 倾听乘客想说却未说出口的话的“耳朵”

1. 倾听乘客话语的“耳朵”

俗话说：“人之所以有一张嘴，而有两只耳朵，原因是听的要比说的多一倍！”因此，对于客舱乘务员而言，比起急于表达自己的想法，耐心倾听乘客的诉求，更是不可或缺的职业素养。

2. 倾听乘客非语言表达的“耳朵”

即使乘客没有开口表达，他们也会通过表情、肢体动作等非语言方式传递自身需求。客舱乘务员应当秉持关怀乘客的态度，敏锐捕捉这些细节，准确理解乘客的潜在诉求。能够洞察乘客未说出口的需求，才是细致入微的服务体现。

3. 倾听乘客想说却未说出口的话的"耳朵"

在航空旅行中，乘客往往难以将所有想法和需求尽数直接表达。尤其是初次乘坐飞机的乘客，可能对飞行环境感到陌生和不适应；还有些乘客会因顾及其他乘客的感受，或担心给乘务员添麻烦，而对提出需求感到顾虑重重。如果客舱乘务员能够主动察觉这些未说出口的需求，并以贴心周到的服务满足乘客，不仅能大幅提升乘客的出行体验，更会让他们倍感温暖，心生感动。

SECTION 05 客舱对话能力引发的效应

客舱乘务员的客舱对话能力，对乘客的满意度有着至关重要的影响。优秀的对话能力不仅有助于乘务员与乘客顺畅交流，为乘客创造良好的乘机体验，更是航空服务质量的关键要素。因此，客舱乘务员应当重视对话能力的培养，通过系统训练提升沟通技巧。尤其要结合实际工作中遇到的案例，深入学习和分析，充分认识到客舱对话能力在提升服务质量、增强乘客满意度方面的重要意义。

客舱对话能力的作用

有效沟通	解决问题的能力	提高好感度

1. 有效沟通

客舱乘务员的客舱对话能力与有效沟通能力相辅相成、紧密相连。凭借出色的对话与沟通能力，客舱乘务员能够迅速、精准地响应乘客需求、解答乘客疑问，从而提高服务满意度。

2. 解决问题的能力

客舱乘务员有时需要应对意外情况引发的问题，客舱对话能力在这种情况下成为快速解决问题的关键要素。

3. 提高好感度

客舱乘务员通过客舱对话能力进行有效沟通和解决问题的能力，能够为乘客带来良好的旅行体验，同时有效提升乘客对航空公司的信赖感和忠诚度。

结论：

客舱乘务员的客舱对话能力在提升乘客满意度和航空公司声誉方面发挥着关键作用。因此，客舱乘务员应通过与乘客产生共鸣、倾听乘客需求，努力做到准确、快速地应对乘客的要求。为了提高客舱对话能力，客舱乘务员需要纠正日常语言使用习惯，并通过教育培训和主动学习不断提升自己。

参考文献

严京伊，李香静，延智英．服务人员的形象塑造 [M]. 首尔：知识人出版社，2023.

图片来源

本书矢量图片来源：freepik、Flaticon